関 裕二
SEKI Yuji

スサノヲの正体

1005

新潮社

はじめに

日本でもっとも霊験あらたかな神といえば、誰もが伊勢神宮のアマテラス（天照大《あまてらすおお》神《みかみ》）を思い浮かべるだろう。しかし、それは正しいのだろうか。

私の頭に浮かぶのは、アマテラスの弟のスサノヲ（素戔嗚尊《すさのをのみこと》、須佐之男《すさのを》）だ。スサノヲは天上界（高天原）で暴れ回り、厄介者になった（『日本書紀』）。地上界では、疫病をまき散らし、集落の人びとを皆殺しにしてしまうこともあった（『備後国風土記』逸文）。なんとも恐ろしい話だが、この「災いをもたらすスサノヲ」は、多神教世界の代表的な神の姿でもある。

古代人にとって「神」は人智を越えた大自然そのもので、「災いと幸」の両方をもたらすと信じられていた。神は二面性を備えていたわけで、ここに「善悪」の基準を当てはめることはできない。恐ろしい神をおだてれば、幸が得られる。これが「お祭り」「神祀り」の本来の意味だ。スサノヲのような巨大なパワーを秘めた神が、崇《あが》められたわけである。

ところが八世紀に編纂された『日本書紀』によって、アマテラス＝善、スサノヲ＝悪という図式が描かれ、スサノヲは「賤《いや》しく穢《けが》れている」と貶《おとし》められてしまった。ここに、何かしらの政治的な意図を感じずにはいられない。スサノヲとは何者なのだろう。

近年『日本書紀』研究が進み、編纂の中心に藤原不比等《ふひと》が立っていたこと、『日本書紀』は天皇のためではなく、藤原氏の正義を証明するために記された可能性が浮上してきた。その「偏った歴史書」の中で、悪役の神として登場したのがスサノヲであった。スサノヲだけではない。天上界の神々に邪険にされた神々も数多く存在する。

藤原氏は八世紀以降平安時代後半に至るまで、盛衰をくり返しつつも、ほぼ権力を独占し続けた人びとだ。ヤマト建国時から栄えていた旧豪族や逆らう皇族たちを罠にはめ、排除し、粛清することによってひとり勝ち状態に持ち込んだ。その過程で、藤原氏は恨まれ、祟られた。だからこそ歴史を改竄し、政敵を鬼に仕立て上げ、神話に封じこめた。その代表がスサノヲではないのか？　だから、暴れるスサノヲに喝采を送りたくなってしまうのである。

スサノヲの正体がわかれば、ヤマト建国と古代史の多くの謎が解けてくる。「闇に葬られた敗者の歴史」を明らかにしてくれるのはスサノヲだ。そして本文で詳述するが、スサノヲには、縄文時代から継承された民族の三つ子の魂が、宿っていると思う。

スサノヲが、今、覚醒する。古代史の新しい時代がやってきた。

スサノヲの正体　目次

第二章　ヤマト建国の立役者は誰だったのか　71

第三章　天皇家の祖神はスサノヲなのか　*107*

第四章　なぜスサノヲは「抹殺」されたか　*141*

序章　スサノヲはどこで祀られているか

スサノヲを祀る神社は少ない

スサノヲはアマテラスと並ぶ『記・紀』神話の主役だが、「祀られる神社の数」という視点で見つめ直すと、スサノヲの不人気に気づかされる。神話での活躍と神社の数が比例していない。

代表的な神社を挙げようと思っても、なかなか思いつかないのではあるまいか。アマテラスなら伊勢神宮（三重県伊勢市）がすぐに浮かぶ。ならば、スサノヲを祀る神社は、どこだろう。

いくつか名を挙げておこう。もっとも有名なのは、京都の繁華街に鎮座する八坂神社（京都市東山区）だろう。愛知県には津島神社（愛知県津島市）がある。神話の舞台となった出雲には、出雲国造家《いずもこくそうけ》が祀る熊野大社（島根県松江市）が、修験道の聖地・熊野には熊野本宮《ほんぐう》大社（和歌山県田辺市）が鎮座する。また、西日本にお住まいの方にはあまり知られていないが、関東には氷川《ひかわ》神社（埼玉県さいたま市）がある。ただし、すべての神社で古い時代からスサノヲを祀っていたかというと、これがはっきりしない。たとえば八坂神社の祭神は素戔嗚尊、稲田比売命《いなだひめのみこと》、八柱御子《やはしらのみこ》だが、はじめは別の神を祀っていた。

まず六世紀半ばごろ、地域の農耕の神が祀られ、のちに牛頭天王《ごずてんのう》が合体し、そのあとスサノヲが重なった。いわゆる神仏習合である。

牛頭天王は釈迦の祇園精舎《ぎおんしょうじゃ》（インドの僧院。釈尊がここで説法をした）を守る神で、疫神《えきじん》（病気をもたらす神）と信じられていた。だから明治に至るまで「祇園社」「祇園感神院《かんしんいん》」を名乗っていた。

たしかに牛頭天王は、スサノヲに似ている。スサノヲは「天神《あまつかみ》の荒御霊《あらみたま》（天上界で暴れた神）」で、祟りをもたらす恐ろしい雷神（御霊《ごりょう》）だ。また、疫神と考えられていたため、牛頭天王に重なっていった。疫神は疫病をもたらす神だが、これを丁重に祀れば、逆に病気から人びとを守ってくれる神になると信じられていたのである。

ちなみに、日本三大祭りのひとつ祇園祭は、貞観十一年（八六九）の疫病の蔓延を鎮めるために始められたものだ。

祇園祭はもとは「祇園御霊会《ごりょうえ》」と呼ばれていた。「御霊」とは、祟る恐ろしい神の意味だ。疫神の荒ぶる御霊を鎮めるには、歌舞音曲が有効（神様が楽しまれる）だと信じられていたから、悲惨な状況から脱出するために芸能が編み出され、祇園祭は華やかに演出されるようになったわけである。

ちなみに、八坂神社の脇を流れる鴨川は暴れ川だった。平安時代末、院政を敷いて独裁権力を握った白河《しらかわ》法皇だったが、意のままにならないのは「双六のサイコロと山法師（比叡山の僧）と鴨川の水」と嘆いている。鴨川が溢れると平安京は水浸しになり、病原菌があっという間に人びとに襲いかかった。大雨や疫病の蔓延は神の仕業と信じられていたから、必死に祭りが行われたわけである。

桁違いに多い八幡と稲荷

愛知県の津島神社では、旧暦の六月に津島祭りが盛大に執り行われる。社伝によれば、第七代孝霊《こうれい》天皇の時代、スサノヲの和御魂《にぎみたま》が韓国《からくに》から戻ってきて、対馬洲（長崎県対馬市）にとどまり、第二十九代欽明《きんめい》天皇の世に、この地域にやってきた。そこで地名を「津島」に改めたという。また、スサノヲはわが国の本主《ほんしゅ》だからと、「全国天王総本社」を称した。さらに、現在の境内に遷ってきたのは、弘仁元年（八一〇）のことだという。

しかし、この伝承をにわかには信じることはできない。平安時代中期の『延喜式』神名帳に名が載っている神社を「式内社」といい、少なくともその頃からの由緒を確認できるが津島神社の名はここに載っていない。津島神社が大きな力を持ち始めたのは、牛頭天王信仰が高まった頃だ。

八坂神社と津島神社の例からわかるように、素戔嗚尊信仰は牛頭天王信仰に乗っかる形で浸透していったわけで、けっして古い話ではない。さらに、記紀の描いたスサノヲ神話も、民族が語り継いできた物語だったかどうか、じつに危ぶまれている。『日本書紀』で語られるスサノヲは、編者の創作した張りぼてだった可能性も出てくる。

スサノヲを祀る祠の数も、多くはない。どこの街角にも祀られる八幡社と稲荷社と比べればわかる。

八幡社（総本社は大分県宇佐市の宇佐神宮）の分社は全国に四万社以上存在すると言われていて、桁違いだ。稲荷社（総本社は京都市伏見区の伏見稲荷大社）も三万社にのぼり、江戸時代の川柳に「町内に　伊勢屋　稲荷に　犬の糞」と詠まれるほどだった。伏見稲荷大社から日本中いたる場所に、勧請されたのである。なぜここまで、八幡信仰と稲荷信仰は広まったのだろう。

八幡信仰の歴史を紹介しておこう。

宇佐神宮は式内社で、その祭神は八幡大神《はちまんおおかみ》（八幡大菩薩、誉田別命《ほんだわけ》＝応神天皇《おうじん》）、比売大神《ひめおおかみ》（宗像三神）、大帯姫《おおたらしひめ》（神功皇后《じんぐう》）だが、もともとは九州の一地方神にすぎず、『日本書紀』と『古事記』には記録がない。最初は神体山《しんたい》や磐座《いわくら》を信仰していた。宇佐神宮の伝承によれば、現在の場所に社殿が建立されたのは神亀二年（七二五）だという。

宇佐神宮が発展するきっかけは、天平年間（七二九〜七四九）に東大寺建立（大仏造立）に協力し、東大寺の鎮守神になったことだった（手向山八幡宮《たむけやま》）。また、日本各地の国ごとに、東大寺のミニチュアである国分寺と国分尼寺が作られ、八幡社が附随する形で広まった。

このあとも、八幡神は政権側と強くつながっていく。平安時代初期の貞観元年（八五九）に、清和《せいわ》天皇が平安京の近くの男山（天王山と対峙し、淀川を挟み込む、交通と戦略の要衝）に八幡大神を勧請させて石清水《いわしみず》八幡宮（京都府八幡市）が創祀された。その後、清和天皇の末裔の源氏（清和源氏）の氏神となったことで、さらに信仰は広まっていった。

では、稲荷信仰はどうだろう。山城（山背）を開拓した古代豪族・秦《はた》氏が伏見稲荷大社を祀り、これが発展していく。

縁の下の力持ちとして活躍してきた渡来系の秦氏は、職人や芸能の民の広いネットワークを構築し、稲荷信仰を広めていった。さらに、平安時代初期に真言宗の総本山である教王護国寺（京都市南区の東寺）の鎮守神となって各地に広まるきっかけを作り、穀霊（稲霊）としての稲荷神が「田の神祭り（農耕神を祀る）」と重なり、農民の間にも浸透した。さらに江戸時代中期になると、伏見稲荷大社が積極的に分霊を各地に勧請して、飛躍的に祠の数は増えていったのである。

氷川神社は出雲の流れを汲む

スサノヲの姉・アマテラスも各地で祀られている。これが、想像以上に多い。

そもそも伊勢神宮は天皇のための神社だから、「王臣以下」の者たちは勅許がなければ参拝できなかった(『延喜式』)。伊勢神宮は閉じられた空間だったが、平安時代末期に財政が悪化し、生き残りを模索し、神職が御師《おし》となって周辺に信仰を広めはじめたのだ。その結果、アマテラスを祀る「神明社《しんめいしゃ》」は中部地方を中心に分布するようになった。また、中世末期から近世にかけて「お伊勢参り」が庶民の間で流行っていくことになる。

そこでいよいよ、スサノヲのことだ。スサノヲを祀る代表的な八坂神社や津島神社は、スサノヲを疫神として求めたが、八幡神や稲荷神のような広がりはない。広がりがないということは、スサノヲは『日本書紀』や『古事記』の創作した張りぼてで、民衆とは無縁の神ということなのだろうか。

しかし、気になることはいくつもある。たとえば、南関東の荒川流域に、スサノヲを祀る氷川神社が分布する。

ちなみに、武蔵国一宮・氷川神社は旧大宮市に鎮座するが、大宮の地名は氷川神社と関わりがある。「大いなる宮居」の意味だ。縄文海進によって関東平野の内陸部まで海岸線が迫っていたが、氷川神社のあたりは海に突き出た半島だった。そこで「高鼻町《たかはなちょう》」の地名が残されている。周囲には真福寺《しんぷくじ》貝塚などの縄文遺跡も多く、安全で住みやすい土地だったのだ。

氷川神社の密集地帯は旧武蔵国（埼玉県の大部分と東京都と神奈川県の一部）で、その理由もはっきりとしている。氷川神社を祀る武蔵国造《くにのみやつこ》は出雲国造家の流れを汲んでいたのである。

平安時代の『延喜式』神名帳は武蔵国に四十四座の氷川神社を載せるが、現在は約二百八十社ある。荒川の水神、農耕の神として厚く崇拝されていた。

十九世紀前半に記された武蔵国の地誌『新編武蔵風土記稿』に、社名の由来が記されている。第五代孝昭《こうしょう》天皇の御世、勅願によって「出雲氷《ひ》の川（簸川《ひのかわ》）上」に鎮座する杵築《きつき》大社（出雲大社）を遷し祀ったが、この時、氷川神社と名付けられたとある。ただし、出雲大社は簸川上流に位置していないから、「簸川＝氷川説」は怪しいとする説がある（菱沼勇『武蔵の古社』有峰書店）。しかし、後に再び触れるように、出雲国造家がはじめ祀っていたのは出雲大社の大己貴神《おおあなむちのかみ》（大国主神《おおくにぬしのかみ》）ではなく熊野大社（島根県松江市）のスサノヲであって、出雲国造家の親族が武蔵にもちこんだのは、簸川の川上に舞い下りたスサノヲの御霊なので、「武蔵の氷川神社は出雲の簸川に由来する」は、矛盾していないのである。

もっとも、欠史八代の孝昭天皇の時代に遷し祀ったという設定に従うことはできない。ただ、氷川神社の立地から考えて、一帯が太古の信仰の場だったことは間違いなく、そこに出雲系の武蔵国造がスサノヲを重ねていったわけである。

スサノヲと天皇家の不思議な関係

そして注目しておきたいのは、天皇家とスサノヲの不思議な関係だ。

明治元年（一八六八）三月、明治天皇は大阪に御幸《みゆき》されたが、その時男山八幡宮（石清水八幡宮）に、また八月に賀茂下上社（京都市左京区・北区）・坐摩《いかすり》神社（大阪市中央区）・住吉大社（大阪市住吉区）に、九月には熱田神宮（愛知県名古屋市熱田区）に参詣されている。

そして十月十三日、東京に遷御されると、スサノヲの祀られる氷川神社を武蔵国の鎮守勅祭の社と定められ、遷御後最初の行幸地に選んでいる。伊勢神宮参拝は、翌年のことになる。なぜか伊勢神宮は後回しになっている。

関東にもアマテラスを祀る神明社は存在し、室町時代から続く古社もある。たとえば東京都三鷹市の神明社は天文六年（一五三七）の創建で、「お伊勢様」「神明様」と呼ばれ、親しまれていた。ならばなぜ、あえて氷川神社を選んだのだろう。

ここでスサノヲをめぐる問題は、伊勢神宮に飛び火する。

七世紀後半に伊勢神宮が今の形に整えられてからあと明治維新に至るまで、持統天皇を除き、歴代天皇はひとりも伊勢を参拝されていない。そして、明治天皇は氷川神社参拝の翌年、ようやく伊勢神宮に向かわれた。

伊勢神宮は社格として日本一で、広大な森林を保有していることも有名だ。なぜ、あれだけの規模の土地を確保できたかと言えば、国家の庇護があったからにほかならない。祭神のアマテラスは天皇の祖神であり、神社は大切に守られてきたのだ。ところが、歴代天皇は、伊勢神宮を無視し続けてきた。

なぜ明治天皇は真っ先に伊勢神宮を参拝されなかったのか。なぜ氷川神社（スサノヲ）のあとに伊勢（アマテラス）なのか。スケジュールの都合が大きかったのかもしれないが、古代から明治維新に至るまで、歴代天皇が伊勢を避けてきたことは腑に落ちない。

ここで話はさらに意外な場所に飛ぶ。それが、スサノヲと縁の深い熊野だ。天皇の行幸はないが、平安時代後期から、太上天皇（院）や皇族、貴族が競って熊野に向かっている。なぜ、伊勢（アマテラス）ではなく熊野（スサノヲ）なのか。

民俗学者の五来重《ごらいしげる》は熊野を「謎の国、神秘の国である」（『熊野詣』講談社学術文庫）と表現しているが、要は秘境だった。

元熊野那智大社宮司の篠原四郎は『熊野大社』（学生社）の本文冒頭に、昭和三十年代半ばまで、「熊野は陸の孤島であった」と述べている。今でこそ自動車道が整備されて、安楽な旅行が可能となったが、つい最近まで熊野は辺鄙だった。それにもかかわらず、平安京の貴種たちは競って熊野に詣でていたのである。

末法の世に熊野に押し寄せた貴種たち

それだけではない。熊野の山塊は、得体の知れない怖ろしさに溢れている。人智を超えた力が漲《みなぎ》っている。古くは山に死者の霊がこもると信じられていた（山中他界観）から、人びとは山を恐れ、滅多矢鱈に入山することはなかった。V字谷と深い森がいつまでも続く熊野路は、古代人にとっても魔界であり、奈良時代になってようやく修験者が分け入っている。彼らはアウトサイダーゆえに、吉野や熊野を選んだが、都の貴種たちが物見遊山で分け入るような場所ではなかったはずなのである。

ところが平安時代後期から、都の貴族たちは、まるで魔法をかけられたように、熊野を目指すようになった。しかも、熊野本宮大社の祭神・家都美御子大神《けつみみこのおおかみ》の別名が、スサノヲだという。熊野本宮が「主祭神はスサノヲ」といいだしたのは江戸時代後期のことなのだが、のちに詳述するように、もともとスサノヲと熊野の縁は深く、スサノヲを熊野本宮大社では家都美御子大神と呼んでいたと考えるべきだ。

延喜七年（九〇七）十月、宇多《うだ》法皇が熊野御幸《ごこう》をはじめて催した。上皇・女院（皇后や内親王など）による熊野御幸は、このあと百度を超える頻度で行われている。

平安時代後期以降の浄土信仰の広がりが、熊野詣でのきっかけになったというのが、教科書的な説明だ。

仏が世の人を救うために神の姿でこの世に現れたとする「本地《ほんち》垂迹《すいじゃく》説」を受けて、本宮の家都美御子大神は阿弥陀如来（未来救済仏）、新宮の速玉《はやたま》神は薬師如来（過去救済仏）、那智の牟須美《むすび》神は千手観音（現生救済仏）が本地（本体）とされた。本宮は西方極楽浄土、新宮は東方浄瑠璃浄土、那智は南方補陀落《ふだらく》で、熊野は過去・現在・未来の本地仏の住処（浄土）と信じられるようになったのだ。皇族や藤原氏を中心とする貴族たちは、極楽往生を願い、熊野に参詣したことになる。

なぜ伊勢ではなく熊野なのか

ただし、秘境や魔界にあえて足を踏み入れさせるだけの理由があったはずで、それは「浄土信仰の高まり」などという生やさしいものではなく、「恐怖の末法思想が浄土信仰熱を高め、人びとを熊野に向かわせた」と、言い直さなければならない。

お釈迦様が亡くなられた（仏滅）年から二千年後の永承七年（一〇五二）に、末法の世がやってくると信じられていた。末法の時代になると、いくら修行と善行を積み重ねても意味のない時代に突入する。だから、みな震え上がった。しかも、多くの事件や火災が起きて、信憑性が増していたのだ。

寛仁三年（一〇一九）三月から四月にかけて、北部九州の大宰府管内に女真《じょしん》（北方のツングース系民族）の軍勢が攻め寄せ（刀伊《とい》の入寇《にゅうこう》）、掠奪、殺戮の限りを尽くした。末法の年に入ると、疫病が流行した。さらに、末法第一年の八月に平安貴族がこぞって参詣していた長谷寺《はせでら》（奈良県桜井市）が焼亡している。天喜六年（一〇五八）には、藤原氏繁栄の象徴であった法成寺《ほうじょうじ》（京都市上京区）が焼け落ちてしまった。都の貴族たちは、動揺し、救いを求めた。こうして熊野詣でが盛んになった。ただ、なぜ熊野なのか。

熊野には死のイメージがつきまとっていた。『日本書紀』神代上第五段一書第五に、火の神を生む時に焼かれて亡くなったイザナミを、紀伊国の熊野の有馬村（花窟《はなのいわや》神社）に葬ったとある。出雲建国で活躍した少彦名命《すくなびこなのみこと》も、熊野から常世国《とこよのくに》（死の国。根国《ねのくに》）に去って行ったと神話に書かれている。熊野は死の国だが、ひょっとするとそこに暗いイメージはなく、極楽浄土への近道と信じられていたのかもしれない。

俗世間から離れ、大自然の中に溶けこみ、苦行のような旅を続けた先に、常世国（浄土？）への入口がある。熊野に、救いがあると都人たちは信じたのだろう。

政敵のシンボル？

しかしそれでも、なぜ末法の世に歴代天皇は伊勢神宮にすがりつかなかったのか、不思議なのである。その理由を知りたい。

要は、この時代の為政者が何を考えていたのか、である。仮に「熊野＝スサノヲ」と話を単純化してみると、興味深い事実が浮かび上がってくる。

恐怖の末法の時代に浄土信仰が高まり、絶頂期にあった藤原氏は、寺院を建立し阿弥陀如来像を祀り「われわれだけは浄土に導かれたい」と念じていたが、それでも安心できなかったのか、スサノヲの坐《ま》します熊野を目指した。ここにヒントが隠されているのだと思う。

『日本書紀』編纂の中心に立っていたのは藤原氏繁栄の基礎を築いた藤原不比等だが、神話の中でスサノヲに「穢れた賤しい神」とレッテルを貼っている。ここに政治性を感じずにはいられない。

藤原不比等はヤマト政権の伝統的な統治システムである合議制を破壊し、独裁を目指した人物だ。ヤマトの古い豪族たちを滅亡に追い込んでいる。その政敵たちの業績や手柄を横取りしたうえで悪人に仕立て上げてしまったが、まさに、藤原氏に追いやられた敗者とスサノヲの姿が重なって見える。スサノヲは藤原氏が滅ぼした政敵のシンボルではなかろうか。恨みを買い、祟られると思うからこそ、「鬼のレッテル」を貼る一方で、密かに祀り続けていた可能性は高い。

御霊《ごりょう》信仰（追い落とした政敵の祟りを恐れ、政敵の御霊を祀ること）の高まりと末法思想は重なっていき、恐怖心を藤原氏に植え付けたのだろうし、藤原氏に荷担した天皇や皇族たちも、思いは同じだっただろう。

平安時代の皇族や貴族たちは「祟る神は恵みをもたらす神」という原理にしたがって、政敵の亡霊に脅えつつも丁重に祀り、「あわよくば許してもらい、救ってほしい」と虫のいい了見で、「恐ろしいスサノヲの熊野」を巡礼したのではなかったか。

大自然と同じ恐ろしい神

すでに述べたように、スサノヲは日本を代表する疫神・祟り神で、多くの人々が恐れた。『備後国風土記』逸文に、残酷なスサノヲの物語が残されている。

その昔、武塔《むとう》（牛頭天王）の神が、「夜這《よば》い（求婚）」に行った。日が暮れ、そこに「将来」の二人が住んでいた。兄の蘇民将来は貧しく、いっぽうその弟は富み栄えていた。武塔の神は宿を借りようと思ったが、弟は拒み、兄の蘇民将来が迎え入れ、もてなした。

何年かのち、武塔の神は子たちを引き連れ、戻ってきて、蘇民将来の娘に「茅《ち》の輪を腰に巻くように」と教える。その夜、娘以外、茅の輪を付けていない者を、みな殺しにした。その上で、「私は速須佐雄《はやすさのを》の神（スサノヲ）だ。後の世に疫病が流行った時、蘇民将来の子孫と名乗り、茅の輪を腰に巻けば、難を逃れられる」と告げた……。

スサノヲは病気をまき散らし、逆に、病魔から免れる方法を教えている。

疫病に苦しめられた時、人びとは「スサノヲの仕業に違いない」と恐れ、だからこそ「スサノヲにすがろう」と、考えたのだ。それはなぜかといえば、スサノヲが大自然と同じ恐ろしい神という認識があったからだろう。

天上界で暴れ回り、嫌われ、追放されたスサノヲだが、地上界に下りると八岐大蛇《やまたのおろち》を退治し、奇稲田姫《くしいなだひめ》を救い、一躍ヒーローになっている。これは、「祟りや災いをもたらす恐ろしい神を祀れば、幸をもたらす神に変身する」という多神教の神の典型的な姿であり、スサノヲは「民族の三つ子の魂」を継承していたと思う。かたや『日本書紀』に登場するアマテラスは善良な神として描かれていて、権力者が作りあげた人工的な神にしか見えない。だから、平安時代の貴種たちは、本物の神にすがったのだろう。伊勢（アマテラス）ではなく熊野（スサノヲ）に救いを求めたのである。

そうなってくると、まるで堂々巡りなのだが、ふたたびこの謎にもどってきてしまう。

なぜスサノヲは、八幡神や稲荷神のように、全国規模で祀られなかったのだろう。

こういうことではあるまいか。スサノヲのモデルとなった英雄は、恨みを抱いて亡くなり、為政者はその祟りに脅え、拝み続けていたのだろう。そして『日本書紀』は、悲劇の英雄を神格化して歴史から抹殺して「スサノヲ」の名を与え、その上で、「賤しい悪神」に仕立て上げたのではないか。そのため、この「『日本書紀』に登場するスサノヲ」は、「人びとの記憶の中で輝く悲劇の英雄」とは結びついておらず、本当のスサノヲは、民族の心の奥底で無意識に記憶されていたのではあるまいか。

弥生的ではなく縄文的

「本当のスサノヲのモデル」は長い年月の間に、多神教徒の列島人にとって、大自然と同じレベルに昇華していったのではないかと思えてならない。大自然のように災いをもたらし、幸を与えるような尊い存在だ。そして、ここが大切なのだが、スサノヲは弥生的ではなく、もっと古い縄文的な神だと思う。『日本書紀』が示す神話は政治的に脚色されているが、スサノヲは太古の日本人の信仰の形をとどめている。

考古学者の瀬川拓郎は、スサノヲが海人の阿曇《あずみ》氏らの祖と一緒に産まれていることも考え合わせ、海原の支配を命じられたスサノヲは海の民の象徴と推理した。さらに、「自然の霊力と一体化した存在」がスサノヲだといい、強く呪的で、農耕民や王権から見れば化け物に見え、受け入れがたく、また、古代における縄文的なイメージだと指摘した（『縄文の思想』講談社現代新書）。

ちなみに、縄文人たちは、優れた海人であり、その文化と習俗は、長い間継承されてきた。だから「海人で縄文的」はまちがっていない。

歴史や神話学とは異なる視点から、スサノヲの不思議な現象にまつわる研究がなされている。

東京工業大学の桑子敏雄教授と学生二名のグループが平成二十四年（二〇一二）、東日本大震災における津波被害とスサノヲをめぐる不思議な因果関係について、津波土木学の論文を発表している。

宮城県沿岸に鎮座する神社の中で、八坂神社、八重垣神社、八雲神社、熊野神社といったスサノヲを祀る社は、津波の被害を免れたというのである。

調査対象の二百十五ヶ所のうち、五十三ヶ所が罹災したが、スサノヲを祀る十七社のうち、被害を受けたのはわずか一社で、逆に被災した神社の多くは、アマテラスや稲荷神を祀っていたというのである（土木学会論文集Ｆ６［安全問題］Vol. 68, No. 2, I_167-I_174, 2012)。

これは、偶然ではないだろう。論文ではその理由を、スサノヲが無病息災の神だから自然災害にも大きな役割を果たすのだろうと指摘するにとどめているが、要は、スサノヲは弥生文化が入る前の古い時代から「神の中の神」「大自然そのもの」と崇拝される重要な神であったがゆえに、災害を免れる安全な場所に鎮座していたということではあるまいか。

スサノヲを祀る神社が安全な場所に建てられていたのは、民族の経験知の中にスサノヲ信仰が生きていたからだろう。「本当のスサノヲ」は、日本列島人の魂の奥底に宿る大自然への畏敬の念と同じレベルで「隠れている神」でもあり、知らず知らずの間にわれわれの心象風景の中に溶けこんでいるように思えてならないのである。

だからこそ、八世紀に『日本書紀』によって抹殺されてしまったスサノヲの本当の姿を、一目見てみたいと切に願うばかりなのだ。

そこでいよいよ、スサノヲの正体を探っていこう。

第一章　なぜ古事記で敬われ、書紀で蔑まれるか

『古事記』は畏敬し『日本書紀』は蔑視する

どうしても、スサノヲを書きたかった。古代史の謎を探りつづけて、多くの秘密をスサノヲが背負っていることに、ようやく気づいたからだ。

そして、スサノヲの正体を明らかにしなければ、「日本とは何か」「なぜ天皇は今日まで続いたのか」などなど、多くの古代史の謎は解けない。日本の歴史、日本人の信仰の真髄を知るために、スサノヲを丸裸にする必要がある。

たとえば、『古事記』と『日本書紀』の神話を比べると、スサノヲに対する評価が真逆に分かれてしまう。『古事記』はスサノヲが乱暴者で罪深かったことは認めるが、その存在を尊重し、畏敬の念をもって記録している。一方、『日本書紀』は、スサノヲを賤しい鬼とみなして蔑視している。この差がどこから生まれたのか、探っておく必要がある。

記紀の神話部分は矛盾だらけで、その原因は、スサノヲにあると、これまで多くの学者が考えてきた。たとえば大海原の支配を命じられたスサノヲは、これを拒み、アマテラスを困らせる役回りを演じているが、その「意味」「理由」がわからない。もしスサノヲが存在しなければ、高天原も地上界も平和だった。アマテラスが天石窟に隠れることもなかったし、オホゲツヒメ（大気《おほげ》津《つ》比《ひ》売神《めのかみ》）も殺されずに済んだというのだ。

山田永は、「アマテラスの弟が、負・悪・敗・罪の化身でよいのか。絶対神がヤクザな弟を持っていることは、古事記にとってどれほど有利でありえたのか」（『古事記スサノヲの研究』新典社）と問いかける。

『古事記』でのスサノヲのふるまい

そこで、『古事記』の神話を少し追ってみよう。イザナキとイザナミがアマテラス（天照大御神）、ツキヨミ（月読命《つくよみのみこと》）、スサノヲ（建速須佐之男命《たけはやすさのをのみこと》）を生んだ後の話だ。

イザナキとイザナミは「三貴子を得た」と喜び、アマテラスには「高天原（天上界）」を、ツキヨミには「夜之食国《よるのおすくに》（夜の世界）」を、スサノヲには「海原」を治めなさいと委任した。ところがスサノヲは、命じられた国を治めず、八拳須《やつかひげ》（長いヒゲ）が胸まで伸びても泣き止まず、青山を枯れ山にし、川や海は泣き干してしまった。ここに、悪《あ》しき神（スサノヲ自身ではなく、周囲の神）の声は、五月頃に騒ぐ蠅のように溢れ、万物の災いが悉く起こってしまった。イザナキはスサノヲに「なぜお前は命じられた国を治めずに泣きわめくのか」と聞いた。するとスサノヲは「私は亡き母の国の根之堅洲国《ねのかたすくに》（根国）に参りたいと思って泣いていたのです」と申し上げた。イザナキは怒り、スサノヲを根国へ遣わした（神やらひにやらひ賜ひき）。そしてイザナキは、淡海《おうみ》（近江）の多賀に鎮座された。

スサノヲは「それならば、アマテラスに申し上げてから根之堅洲国に行こう」と、天に参上した。その時、山や川はどよめき、国土は震えた。アマテラスはこれを聞いて、スサノヲが国を奪おうとしているのではないかと疑い、武装し威嚇して待ち構えた。

このあとスサノヲは、高天原にやってきたいきさつを申し上げ、他意はないことを説明している。

　スサノヲは無実を証明するために、誓約《うけい》（誓いを立てて神意を占うこと）をして、それぞれが子を生む。お互いの持ち物を交換し、アマテラスはスサノヲの十拳剣《とつかのつるぎ》から、宗像三神を生んだ。スサノヲはアマテラスの八尺瓊《やさかに》の勾玉などの玉を乞い受け、正勝吾《まさかあ》勝々速日《かつかちはやひ》天之《あまの》忍穂耳尊《おしほみみのみこと》（天皇家の祖）ら五柱の男子を生んだ。この結果、スサノヲの無実は証明されるのだが、勝った勢いで、スサノヲは暴れ回り、恐れたアマテラスは、天の石屋に隠れてしまった……。

「スサノヲ」は地名ではなく「荒ぶる性格」から

　この一節を読めばわかるように、スサノヲが暴れ者だったことを『古事記』は否定していない。『古事記』がスサノヲを「スサノヲ」と呼んでいることからもわかる。「スサ」は「荒々しい」という意味で「荒《すさ》ぶ」が語源と思われる。

『出雲国風土記』飯石郡須佐郷の条に、神須《かむす》佐《さ》能袁命《のをのみこと》（スサノヲ）が「この国は小さいが、住むにはよいところだ。だから私の名は石や木につけるべきではない（土地の名につけるべきだ）」と述べて、スサノヲの御魂を鎮め置かれたとある。現在ここに式内社・須佐神社（出雲市佐田町須佐）が祀られている。

同書では「スサノヲの名が地名になった」と解釈されているのだが、一般的には逆で、「須佐出身だからスサノヲではないか」とする説が根強い。しかし、従うことはできない。

まず、記紀神話の中で地名由来の神の名は、例外的だ。その一方で、『日本書紀』はスサノヲを「神性《かむさが》雄健《たけ》きが然《しか》らしむる（神の本性としての猛々しさがそうさせている）」と評価する。『古事記』には、建速須佐之男命とあり、「建」は、勇ましいことで、『日本書紀』も『古事記』も、スサノヲの性格を同じように解釈している。すでに十四～十五世紀の段階で、スサノヲの「スサ」は、「荒ぶ」と解釈され、スサノヲは「スサブ神」とみなされていた（『神代巻口訣』など）。これが自然な解釈だと思う。そもそもスサノヲは「天上界からやってきたよそ者」なのだから、出雲の須佐出身説は、採りにくい。

ここで注意しなければならないのは、『古事記』のスサノヲは、「太古の信仰における恐ろしい神」なのであって、けっして蔑視はされていないということなのだ。ここに、『日本書紀』との大きな差が現れている。

まず、スサノヲが泣き止まなかった場面で、「悪しき神の音」とあるが、悪しき神はスサノヲを指しているのではなく、スサノヲの泣き声の力によって悪しき神々が声をあげ、無秩序、混沌を招いてしまったことを意味している。スサノヲが悪神だといっているのではない。また、スサノヲの乱暴に対し「神やらひ」という表現が使われ、「遣わした」と、柔らかい言い回しになっている。また、誓約に勝利したあと、スサノヲは暴れ出すが、ここでアマテラスは、スサノヲの行為を責めず、代わりに言い訳をしてかばっている。

『日本書紀』の描いたスサノヲの生涯

一方、『日本書紀』はスサノヲをどう描いているのか。スサノヲの生涯を『日本書紀』

神話（本文）から振り返っておこう。

国土と山川草木を生み終えたイザナキとイザナミは、天下の主となる者を生もうと考えた。すると「日神《ひのかみ》」が生まれた。その名は大日孁貴《おおひるめのむち》という（この神の別名がアマテラスだ。「一書に云はく、天照大神といふ」）。この子は明るく美しく、天地四方に照り輝いた。両親は喜び、「このような霊妙な子はいなかった。長くこの国にとどめておくべきではない。すぐに天上（高天原）に送って、天界のマツリゴトを授けるべきだ」といい、天の御柱を伝って、天上に昇らせた。つぎに、「月神《つきのかみ》」を生んだ（月弓尊、月夜見尊、月読尊）。その輝きは、「日」のつぎに明るかった。そこで、日神と並べて統治させた。つぎに生まれたのはヒルコ（蛭子）だが、三年たっても歩けなかったため、天磐櫲《あまのいわく》樟船《すぶね》（天の頑丈なクスノキの船）に乗せて風のままに流してしまった。次に生まれたのが、スサノヲである。

スサノヲは勇ましく強いが残忍。大声で泣いてばかりいたため、人びとを大勢早死にさせ、山を枯らしてしまった。そこで父母は、「お前ははなはだ乱暴者だ。天下に君臨してはならない。遠い根国に行ってしまえ（適《まか》れ）」と言い、追いやった。

スサノヲは根国に行く前に、一目姉に会いたいと思い、許しを得て高天原（天上界）に上っていった。ここでイザナキは、神としての仕事を終えたと思い、あの世に遷られた。淡路国に隠れる御殿を構えて、静かに隠れていった。

天上界にスサノヲがやってくると、大海原は揺れ動き、山は鳴り轟いた。アマテラスはスサノヲが荒々しい性格であることを知り、国を奪おうとしているのではないかと疑った。そこでスサノヲは無実を訴え、「誓約」を提案した。スサノオから女の子が生まれたなら、邪心がある証で、男子が生まれれば潔白が証明されるという。

ここでスサノヲから生まれた男子は、正勝吾勝々速日天之忍穂耳尊、天穂日命《あまのほひのみこと》、熊野《くまの》櫲樟日命《くすひのみこと》（熊野の奥まった野の奇霊）らであった。アマテラスから生まれた女子は宗像三神（田心姫神《たごりひめのかみ》・湍津姫神《たぎつひめのかみ》・市杵島姫神《いちきしまひめのかみ》）だ。

勝利宣言をしたスサノヲは、ふたたび暴れ回り、「天津罪」（主に稲作作業に対する妨害行為であり、共同体の秩序を乱す罪）を犯す。さらに、アマテラスの新嘗を邪魔し、機織《はたおり》をしている場に、天斑駒《あまのふちこま》（呪術に用いる馬）の皮を剝いで宮の甍《いらか》に穴をあけて投げ入れた。アマテラスは驚き、「梭《ひ》」で体を突いて傷つけた。怒ったアマテラスは天石窟に隠れ、国中がまっ暗になってしまった。八十万の神々が相談し、祈り、巫女・アマノウズメ（天鈿女命）が舞い（俳優《わざをき》を作《な》す）、アマテラスを引き出すことに成功した。その上で、神々は罪深いスサノヲに多くの賠償を罰として科し、督促して徴収した。髪を抜き、手足の爪を抜いて贖わせ、追いやってしまった。

スサノヲは出雲国の簸川の川上に舞い下りた。ここで八岐大蛇退治をして、出雲の清《す》地《が》に至り宮を建て、童女・奇稲田姫と結ばれ、大己貴神（大国主神）が生まれた。こうしてスサノヲは根国（地底の異郷）に去って行った……。

『日本書紀』のスサノヲをめぐる神話（本文）は、これで終わる。

手足の爪を剝いで追放

このように『日本書紀』神話の本文で、スサノヲは辛らつに批判されているが、「神代上第七段一書第三」には、「蔑視されるスサノヲ」が描かれている。

日神（アマテラス）は良い田を、スサノヲはやせた田を天上界に所有していた。スサノヲは「姉」を妬み、農作業を妨害した。しかし日神は怒らず、常に穏やかで（平《たひらかなる》恕《めぐみ》を以《も》ちて）スサノヲを許した……云々。

この「云々」のあと、唐突に天石窟神話に移行し、日神が再登場して、スサノヲに賠償が科せられ、手足の爪を剝いで、神々はスサノヲを叱責している。

「お前の所業はあてにならないから、天上に住んではならない。葦原中国《あしはらのなかつくに》にもいてはいけない。すみやかに、底根之国《そこつねのくに》（地底の国）に行け」

と責め、追放した。

ここでアマテラスは、農作業を妨害する「悪いスサノヲ」に対し、寛大に許す善神として描かれている。そしてこのあと、スサノヲは差別的な扱いをされる。

その時（追放された時）、長雨が降り、スサノヲは青草を結び束ねて笠と蓑を作り、神々に宿を乞うた。しかし入れてもらえなかった。

「お前は自身の所業が穢れていて、追い出されたのだ。なぜ、われわれに宿を乞うのだ」

と、神々は拒んだ。風雨は激しく、スサノヲは疲れ果ててしまった。それ以来、世間では蓑笠を着たり束ねた草を負ってよその家に入ることを嫌うようになった。この罪を犯す者には必ず賠償を科す。これは、太古から伝わる法である……。

簑笠を着ている者＝蔑まれる存在

一連の説話は重要だ。

スサノヲは妬み、乱暴を働く神と描かれる。追放されたスサノヲは神々に宿を乞うが、「穢れている」と、門前払いを喰らってしまう。ここで無視できないのはスサノヲの身なりで、「簑笠を着ている」点にある。

古代文学研究者の西郷信綱はこのスサノヲの姿を、「大祓《おおはらえ》の贖物《あがもの》である芻霊《くさひとかた》（藁人形）が水に流されてゆくさまを彷彿させる」（『古事記注釈　第二巻』ちくま学芸文庫）といい、スサノヲが爪を剝がされたのも「身体の不浄部分」で穢れた人間の「身代」とする。爪を剝がされた意味は、その通りかもしれないが、スサノヲが簑笠を着せられたのは、もっと別の理由からだろう。

古くから、簑笠を着て姿を隠すことで「鬼」を表現すると考えられてきた。その根拠は、以下のとおり。

「鬼」はもともと「モノ」と読まれていた。「物質（モノ）に精霊や神は宿る」という

「多神教的でアニミズム的な発想」があったから、「モノ」は、霊的な存在（神や鬼）と信じられたわけだ。モノノケ（物の怪）の「モノ」が、まさにこれだ。もちろん、神と鬼は表裏一体だったから、「モノ＝鬼」は恐れられたが、崇められてもいた。鬼はけっして賤しい存在ではなかったのだ。

ところが、『日本書紀』が編纂され「蓑笠を着ている者」が差別的に扱われてからあと、本来同じ存在の表と裏だった「神と鬼」は、次第に「聖と邪」「善と悪」に色分けされていった。

そして、霊的な存在は目に見えず、隠れているから、モノ＝鬼は「隠＝オン＝オニ」と呼ばれるようになっていった。そしてこの結果、蓑笠を着て姿を消す者を、賤しい鬼とみなすようになった。その端緒が『日本書紀』に登場するスサノヲだったわけである。

考古学が示した「出雲の国譲り神話」の現実味

『日本書紀』編纂は日本史の中で大きな転換点となり、古い信仰も捨てられてしまった。

「日本人にとっての神」の意味も、塗り替えられた。そして神話も、政治的な思惑によって書き替えられてしまった疑いがある。時の権力者の権威を高めるために、神話は改変されてしまった。その犠牲者が、スサノヲだったと思えてならない。

ただそうはいっても、出雲神話そのものが創作と考えられてきたし、スサノヲや大国主神たちの活躍が歴史とみなされることは、かつてなかった。めぼしい考古学上の発見がなく、神話に見合った活躍はなかったとみられていたのだ（これは自然な発想だ）。だからこそ余計に、スサノヲと歴史は切り離されてきたのである。ところが、山陰地方に開発の波が押し寄せるようになって、想像を絶する遺物が出土して、かつての常識は覆された。

昭和五十八年（一九八三）に荒神谷《こうじんだに》遺跡（島根県出雲市斐川町）が発掘されてからあと、加茂《かも》岩倉遺跡（島根県雲南市加茂町）などから、大量の青銅器がみつかり、また巨大な四隅《よすみ》突出型墳丘墓の調査も進み、弥生時代後期からヤマト建国前後（三世紀から四世紀）に至るまでの、巨大勢力の存在が確認された。この時代の山陰地方には、大量の鉄器が流入していたこともわかってきた。しかも、出雲はヤマト建国に参画し、新政権を構成する一員になっていた可能性が高くなってきたのである。

ただし、ここが不思議なのだが、巨大な四隅突出型墳丘墓を築き上げた出雲の王（首長）たちは、ヤマト建国後に没落している。四隅突出型墳丘墓は造られなくなったのだ。出雲の中心集落も、衰退する。ヤマト建国のシンボルである前方後円墳を各地の王たちが造営し、埋葬文化を共有する広大なネットワークが構築されていくが、なぜか出雲で前方後円墳はしばらく造られなかったし、吉備のような巨大古墳はひとつもない。出雲最大の前方後円墳は六世紀中ごろの今市大念寺《いまいちだいねんじ》古墳（出雲市）だが、全長約九十二メートルと、小振りだ。国譲り神話が、事実だったのではないかとさえ思えてくるのである。

そうなってくると改めて、スサノヲの正体が知りたくなる。出雲はヤマト建国の勝者にはなれなかった。これは考古学が明らかにしている。とすれば、出雲の国譲り神話には何かしらの歴史が隠されていたはずだ。スサノヲが「敗れ追いやられ、蔑まれる神」だったのは、モデルとなった人物が存在したからではあるまいか。

ばならない。

本居宣長から始まるスサノヲ研究史

スサノヲの正体を明らかにするために、まず先学のスサノヲ論に、触れておかなければならない。

スサノヲにまつわる研究が本格的に始まったのは江戸時代で、本居宣長《もとおりのりなが》はスサノヲを悪神と考えた。たとえばイザナキが黄泉国からもどり、ミソギをすると、「鼻の穢れ」からスサノヲは生まれている。スサノヲは後に善神に変化するが、入れ替わりの瞬間があったと言う。『古事記』神話の中でスサノヲは天上界を追放されたあと、オホゲツヒメに食べ物を乞い、オホゲツヒメはおいしいものを鼻と口と尻から取り出して料理した。その様子をみていたスサノヲは、穢れていると思い、オホゲツヒメを殺してしまった。すると死体から、蚕や稲のタネ、クリ、アズキ、麦、大豆がなった。天上界で悪神だったスサノヲは、出雲神話で善神になるが、オホゲツヒメの物語はその境にあたり、悪から善への過渡期で「祓除《みそぎはらえ》（穢れを祓うこと）」だったという（『本居宣長全集　第九巻』

筑摩書房)。

平田篤胤は、スサノヲが天上界で暴れ回った理由を、次のように説明している。イザナキがミソギをした時、穢れを濯ぐと荒魂《あらみたま》の八十禍津日神《やそまがつひのかみ》と大禍津日神《おおまがつひのかみ》が産まれた。そしてこの「まがこと」を直そうと生まれた神が和魂の神直毘神《かむなおびのかみ》・大直毘神《おおなおびのかみ》・伊豆能売《いずのめ》だったという。また、荒魂はスサノヲにつき、和魂は天照大神についたのであって、スサノヲそのものが悪なのではないと指摘している。そのあとスサノヲに千位《ちくら》の置戸《おきと》を負わせ(多くの祓えの物を科せられた)、ヒゲと手足の爪を切って払い、神やらいに追い払われたことで(千位置戸の祓)一変し、あとは、本来のスサノヲの姿にもどったという(『日本の名著24 平田篤胤』「霊能真柱」中央公論社)。

「大国主神が元」と推理した津田左右吉

明治時代に至ると、西欧の自然神話学(神話は自然現象に由来するという発想)と比較神話学(異なる文化圏の神話を比較し、共通点を見つけ、普遍性を見いだそうとする試み）の影響を受けて神話学は一新された。そして、研究はスサノヲ論争からはじまったのだ。

たとえばお雇い外国人教師のフローレンツは、スサノヲがイザナキの鼻から生まれた話は、中国神話の「盤古《ばんこ》が口から吐き出した息が風と雲になり、声は雷鳴となった」と似ていることから「スサノヲ＝嵐神説」を唱えた（佐藤マサ子『カール・フローレンツの日本研究』春秋社）。

大正時代に入ると、津田左右吉が新たなスサノヲ論を展開している。神話の政治性に注目したのだ。まず、神代史は大きく三つの中心点から成り立っていると考えた（『津田左右吉全集　別巻第1』岩波書店）。

①イザナキとイザナミが国土と国土を支配する日神（天照大神）を産みだした。
②スサノヲが高天原（天上界）で大暴れしたため、放逐した。
③日神の末裔が高天原から降臨するに際し、国土の主・オオナムチ（大己貴神、大国主

神）が邪魔になり、国を譲らせた。

ただし、この三つの話は、うまく結びつかない。②の話は、スサノヲが日神の弟だからと①に結びつけられ、その子孫として、③と接合せられているが、スサノヲを無理矢理日神や大国主神（大己貴神）に結びつけた点に矛盾があるという。また、スサノヲと大国主神には「性質行動の類似」がみられ、これは偶然ではなく、大国主神が元になってスサノヲが作られたと推理している。

スサノヲをあえて皇祖・天照大神の弟にし、大国主神の祖にしたのは、大国主神が天津神に国譲りした整合性を説明するために、都合の良い仲介者としてスサノヲを作ったというのである。その上で、神話はあまりにも政治性が強く、神代史を貫通する思想は、「血族主義・祖先崇拝」だったと言っている。そして、スサノヲ神話は、高天原神話（①）と出雲神話（②）を結びつけるために創作されたと言うのである。

「山の神」説や「戌亥隅信仰」説

昭和になる頃から、民族学や民俗学の研究が進んだ。

歴史学者の肥後和男は神話を「民族意志の表現形式のひとつ」（肥後和男『日本の神話』河出書房）とみなし、「民俗」から神話やスサノヲを解釈しようと試みた。たとえば神話を伝承や歴史ではなく、儀礼を解釈したものだと指摘した。その上で、スサノヲを農耕社会が祀る山の神と見立てたのである。

肥後は江戸時代の国学者たちの発想を否定的にとらえている。国学者は神話を無二の哲学と捉え、人々の営みは時間の経過とともに発展していくのではなく、むしろ堕落してしまったと考えていると指摘し、彼らは「一種の尚古思想にとり憑かれ」遠い神々の世界に切々たるあこがれを抱いていたと批判したのである。その上で、古代を原始時代と断定し、仰ぎ観るような神の世界ではなく、「あわれむべき未開の代である」と評した。神話をプロパガンダに利用した近代日本の政策に対する抵抗の意味も込めていたのだろう。ただし、「進歩＝正義」という発想も、現代人の奢りではあるまいか（深入りはしないが)。

国文学者の三谷栄一は、出雲地方の遺物が縄文時代から貧弱で、古墳時代に至っても遺跡は極めて稀(昭和四十年代の状況)なのに、なぜ神話で大々的に取りあげられるのか、疑問を抱き、「戌亥《いぬい》隅信仰」という仮説を用いて解き明かそうとしている。

大嘗祭に古詞《こし》を奏するために召し出された語り部は、京の辰巳《たつみ》の方角の美乃国《みののくに》(美濃国)から八人、イザナキの淡路国から二人で、あと平安京とヤマトからみて西北の方角に当たる丹波国から二人、丹後国から二人、但馬国から七人、因幡国から三人、出雲国から四人だった(『貞観式』)。すなわち、出雲はヤマトの西北隅にあり、ここが大和朝廷の祖霊の地にあたるという。稲作の豊穣をもたらす祖霊が去来する方角なのである。

天武天皇の時代に方位思想が確立され、大和朝廷の西北隅にある出雲が、祖霊だけではなく穀霊の地という信仰が確立したというのである(『日本神話の基盤』塙書房)。

しかし、山陰地方のほぼ全域から語り部が集められた理由を、「戌亥隅信仰」だけで片づけておいて良いのか、という疑問は浮かびあがってくる。

神話学者の吉田敦彦は、アメリカ原住民の神話とスサノヲがよく似ているというフランスの文化人類学者クロード・レヴィ＝ストロースの研究に注目した（『神話論理Ⅱ　蜜から灰へ』早水洋太郎訳　みすず書房）。このレヴィ＝ストロースの論考を踏まえた上で、吉田敦彦は二つの神話の共通点は、母親（代理母を含む）に親密であり続けようとして泣きわめき、暴れるという無茶苦茶な行為をくり返す男の話で、ユングが唱える「母殺し」（太母元型から自我が自立するために必要な行為）にあてはまるとし、さらにスサノヲが異常なのは、母殺しをくり返すこととした。つまり、女性的世界の中に逃げ込み支配する者としての性格が強調されているというのである（河合隼雄　湯浅泰雄　吉田敦彦『日本神話の思想　スサノヲ論』ミネルヴァ書房）。

世界の神話が似ている理由

遠く離れた場所に伝わる世界の神話が、なぜか似ている。これは大きな謎だったが、太古の昔にアフリカや西アジアで二つの神話の原型が成立していて、それが拡散していたと考えられるようになった。これは、二十年以上も前からアメリカの文献学者マイケル・ヴィツェルらによって唱えられている世界神話にまつわる学説だ。

世界規模で神話が共通しているのは、ホモサピエンスの移動と神話の世界的広がりが合致しているためだというのだ。

世界の神話は、「古層ゴンドワナ型神話」と「新層ローラシア型神話」の二つに大別できる。ゴンドワナ型神話は、ホモサピエンスの初期移動とともにアフリカから各地に伝播していて、ストーリー性が弱く、宇宙の創造も語られていない。これは、アフリカ中南部、インドの非アーリア地帯、アンダマン諸島、マレー半島のネグリト集団、メラネシア、オーストラリア・アボリジニの間で語られている。

もうひとつ、世界中に人々が拡散したあと、西アジアの文明圏で生まれたのがローラシア型神話で、日本神話はこれに当てはまり、世界の多くの神話が、こちらの方に含まれている。だから世界の様々な地域の神話とそっくりなのだという（後藤明『世界神話学入門』講談社現代新書）。

スサノヲの物語にも世界の神話と共通する部分がみつかるのだが、これはむしろ当然のことなのだ。

記紀のスサノヲ像を混同するな

ここで問題にしたいのは、神話の原型はあったとしても、そこに新たに説話が加えられていたことで、『日本書紀』の政治的思惑が秘められていた可能性を疑っている。何かをスサノヲの神話に託したのではないか。

そして、ここは声を大にして言いたいのだが、これまでのスサノヲ研究は、「スサノヲは創作された神話」と信じ、歴史と切り離して考えてきたことなのだ。これでは、古代史の謎は、いつまでたっても解けない。スサノヲは政治的な存在であり、歴史とかかわっていると思う。この点が、軽視されてきたのが大問題なのだ。

スサノヲ研究の方法に問題点があったと指摘する学者もいる。日本法制史が専門の水林彪《たけし》は、『古事記』と『日本書紀』双方の神話を比較している間に、それぞれが別々のスサノヲ像を提供しているのに、ひとつのスサノヲ像に混ぜてしまったという。

「止反対とさえ言うことのできる物語りが、これまで、区別されることなく混淆され、一つのスサノヲ像に強引に結実させせられてきたのである」（『記紀神話と王権の祭り』岩波書店）

と訴えている。まさにそのとおりで、スサノヲと神話は、ここで大きく見直さなければならない。過去の学説は、もはや通用しなくなったのではあるまいか。

たとえば、『日本書紀』の「素戔嗚尊」は悪神として生まれるが、『古事記』の「須佐之男」は、貴子として誕生している。

スサノヲが高天原を去る場面も、意味づけに差がある。スサノヲが母を偲んで泣きはらしているのをみたイザナキは、『古事記』では「神夜良比《かむやらひ》爾《に》夜良比《やらひ》賜《たま》ひき」と告げている。これは表意文字にするなら「遣らひ」で、本来「派遣する」という意味となる。かたや『日本書紀』には「逐ひき（追放した）」とあり、二つの表現は意味が異なると指摘した。

そもそもスサノヲは母のいる「根之堅州国」に行くことを自ら望んでいたのであり、これは追放ではない。さらに「根之堅州国」は、「葦原中国」を生命力溢れる地にするための根源の国であって、イザナキはスサノヲを「根国之堅州国の主宰神」として派遣した、というのである。

それだけではなく大多数の研究者の「スサノヲ像」は、二つの話を混同して構築されてしまったが、多くのスサノヲ論は『日本書紀』を規準にしてしまっていて、『古事記』の記事は「損傷をうけた」といい、スサノヲは複雑で矛盾を含んでしまったというのである（同前）。

この水林彪の指摘は無視できないし、スサノヲを巡る謎が解けなかった理由は、ここにあると思う。すなわち、なぜ『日本書紀』はスサノヲを悪し様に描き、逆に『古事記』は「貴子」と捉えたのか、この不一致こそ、スサノヲの正体を明かすための重要なヒントだったのに、これまで史学者は見逃してきたわけである。『日本書紀』編者には、スサノヲを悪神に仕立てあげる政治的な動機があったはずなのである。

『古事記』は『日本書紀』のウソを告発する書

ここで、『日本書紀』と『古事記』について、整理しておきたい。

古代文学の専門家・三浦佑之《すけゆき》は『古事記講義』（文藝春秋）の中で、神話は人間が「不安を納得し受け入れるために、生きる根拠が必要」で、それを保証するのが神話といっているが、あまりにも文学的で牧歌的な解釈ではなかろうか。『古事記』『日本書紀』編纂の目的は、きわめて政治的なのである。

そして、『古事記』は『日本書紀』のついたウソを告発するために、記されたのではなかったか。なぜそう思うのか、すこし説明しておこう。

『古事記』は和銅五年（七一二）に、『日本書紀』は養老四年（七二〇）に編纂されたと一般には考えられている。『日本書紀』よりも先に『古事記』が完成していたことになり、通説もそれをほぼ認めているが、これは怪しい。『古事記』編纂の頃の出来事を記録しているはずの正史『続日本紀』には、『古事記』撰録の詔と『古事記』が献上された事実が記録されていないし、『日本書紀』は先に編纂されたはずの『古事記』を、まったく参照していない。『日本書紀』よりも『古事記』の方が古いと考えられてきたのは、『古事記』の序文にそう書いてあったからだが、これを素直に信じることはできない。

序文だけではなく、『日本書紀』と『古事記』を並べるといくつもの謎が浮かび上がってくる。

『日本書紀』と『古事記』序文のどちらも天武天皇が編纂にかかわった可能性を示唆している。しかし、ひとりの為政者が、なぜ二冊の歴史書を必要としたのだろう。

『古事記』序文は『古事記』撰録に至る経緯と七一二年に献上されたことが記されていて、上表文の形をとっているが、書き方に「信じがたいミス」があって、この序文そのものはニセものと疑われている。

加えて、本文も奇妙だ。神代から推古《すいこ》天皇までを記録するが、第二十四代仁賢《にんけん》天皇から第三十三代推古天皇に至る、五世紀後半から七世紀前半にかけての歴史記述がほぼ皆無だ。系譜や宮の所在などを無機質に記録するだけなのだ。なぜ、王家の正統性と正当性を証明するための歴史書の中で、直近の歴史を省いてしまったのだろう。

さらにいうならば、推古天皇からあと八世紀にいたる歴代天皇の活躍を、なぜ無視してしまったのか、これがわからない。激動の時代が続き、律令国家の基礎が形づくられるもっとも大切な時代を無視したのであれば、そこに何かしらの意図があったとしか思えないのである。

それだけではない。『日本書紀』は親百済、『古事記』は親新羅と、正反対の国を応援している。白村江の戦い（六六三）で百済とヤマト政権の連合軍は唐・新羅に敗れ、百済はすでに滅ぼされて、百済の大量の移民が日本に流れ着いていた。ヤマト政権と百済遺民は新羅を恨み、八世紀に至っても、政権は新羅に敵愾心を燃やしていたから、なぜ『古事記』が「新羅にシンパシーを感じていた」のか、理解しがたい。国内貴族層（為政者）の主導権争いを想定すると、『古事記』は奇妙な文書なのだ。しかも、『日本書紀』はスサノヲに冷淡で、逆に『古事記』は、スサノヲを蔑んでいない。ここに、大きな謎が隠されている。

記紀神話の政治性に着目せよ

古代史研究家の大和岩雄《おおわいわお》の「『古事記』偽書説」(『古事記成立考』大和書房)に魅力を感じる。『古事記』は古い記録を用いたとしても、さらにのちの時代の手が加わっていたと推理している。『古事記』は、わざと古く見せかけているというのだ(詳細は拙著『古事記の禁忌　天皇の正体』新潮文庫)。

『古事記』序文に次のようにある。「諸家のもたらした『帝紀《ていき》』と『旧辞《くじ》』(『古事記』や『日本書紀』以前の歴史書。現存せず)には偽りが多く加えられていて、その誤りを正さなければ、真実はすぐに滅びてしまうだろう」。ここにいう「偽りが多く加えられていて、それを修正した」という一節が、大きな意味を持っていると思う。

『古事記』と『日本書紀』にはそれぞれ異なる思惑が隠されていて、どちらの神話にも、政治的な加工がなされている可能性を指摘しておきたい。『古事記』は、『日本書紀』の歴史改竄を神代にさかのぼって告発するための文書だったと筆者はにらんでいる。『古事記』は、きわめて政治色の強い文書であって、牧歌的な神話の裏に、「『日本書紀』のウソ」を暴くためのカラクリがいくつも仕掛けられているのだと思う。

スサノヲをめぐる研究史を追ってきたが、これまでの学説の多くは、『日本書紀』と『古事記』の捉え方に問題があったと思う。神話の政治性に無頓着だった。ここに、根本的な誤謬が潜んでいる。神話の政治性を強く意識しなければ、スサノヲの物語を解き明かすことはできないのである。

さらに、これまでの神話研究の最大の欠点は、戦前戦中の皇国史観に対する反動から「神話に登場する神々は、架空の存在」と、決めつけてかかってきたことだ。さらに、神々の活躍も「歴史ではない」と信じてしまったのだ。しかし、八世紀の政権（権力者）が、自身の正当性を証明するために、ヤマト建国にさかのぼって歴史改竄をする必要に迫られていたことを見逃してはならない。

その一方で、考古学の進展によってヤマト建国のおおよその経緯がわかってきて、神話とヤマト建国に重なる部分が見えてきた。これまでとは異なる視点で神話を見つめ直すことが可能になった。

次章では、遠回りのようだが、考古学の進展によってわかってきたヤマト建国の構図を明らかにしておきたい。それが結果的にはスサノヲの正体を追う上で近道になるからだ。

第二章　ヤマト建国の立役者は誰だったのか

神話を絵空事と考えることなかれ

戦後の史学界は、神話を歴史から切り離してきたから、文学や民俗学で神話を読み解こうと躍起になった。神話は絵空事という常識がまかり通っていたのである。

たとえば哲学者の梅原猛は、神話の「出雲」は中央政権の創作であり、邪魔な古い神々を都から見て忌むべき方角に流してしまったと推理した。「出雲」という巨大な勢力が存在したわけではないと主張していた（『神々の流竄』集英社文庫）。

しかし、徐々に風向きは変わってきた。たとえば神話学者の松前健は戦後の極端な神話軽視について「正当な古代史研究の道をはばむものであった」（『日本の神々』中公新書）と指摘している。まさにそのとおりで、戦前・戦中の皇国史観に対する反動が、思考の邪魔をしていたのだ。

また、考古学の発掘調査が進み、ヤマト建国に至る道のりが再現できるようになり、神話を見る目が変わってきた。荒唐無稽と思われてきた神話の中に、何かしらの歴史的事実が隠されていた可能性が出てきたのだ。もっともわかりやすい例が、出雲である。

弥生時代後期からヤマト建国前後にかけて、出雲には侮れない勢力が実在し、ヤマト建国にも関わっていたことがわかってきた。しかも出雲を含む日本海勢力は、ヤマト建国のあと一気に没落していたことも明らかになり、この事件が「国譲り神話」のモチーフになっていた疑いも出てきた。スサノヲの正体を解き明かすために、考古学が役に立つようになったのである。いや、考古学がヤマト建国の詳細を明らかにしてしまったのだから、スサノヲや神話を見直さなければならないのである。

特記すべきは、ヤマト建国に参画した多くの地域が、『日本書紀』の神話やヤマト建国説話で取り上げられなかったことなのだ。神話の舞台は出雲（島根県東部）と日向《ひむか》（南部九州）に限られている。弥生時代後期にもっとも富を蓄えていた北部九州や、三世紀の歴史を動かした近畿地方周辺が、ごっそり抜け落ちている。ここに、政治性（歴史隠蔽）を感じずにはいられない。これは、恣意的ではあるまいか。

史学者はいまだに、八世紀の『日本書紀』編者は正確なヤマト建国の歴史を知らなかったと信じている。しかし、知っていたからこそ隠匿した可能性を疑うべきだったのだ。

そしてもうひとつ、これまでの固定観念を取り払わねばならない。江上波夫《えがみなみお》の騎馬民族日本征服説が一世を風靡したように、「文化、文明、富、権力は大陸や半島からもたらされた」と考えることが、戦後史学界の潮流となった。それが進歩的と信じられていた。だからヤマトの王家も、はじめ半島や大陸に近い北部九州にいて、のちに東征したと信じられていた。しかも、渡来系ではないかと、疑われてもいた。

もちろん、そう考える理由はいくつもあった。まず第一に、『日本書紀』や『古事記』に、「初代王＝神武天皇が九州からヤマトに移動した」と記されていた。第二に、邪馬台国論争の中で、北部九州説が有力視されてきたから、ごく自然に「邪馬台国が東遷してヤマトになった」と考えられていた。第三に、弥生時代後期（要はヤマト建国の直前）の日本列島を見渡すと、北部九州がもっとも富み栄え、ヤマト周辺は貧しかった……。

ところが、考古学は意外なヤマト建国の道筋を探り当ててしまった。注目すべきは、纒向遺跡《まきむく》（奈良県桜井市から天理市の南端）である。

ヤマト建国の地・纒向に北部九州の土器は流れ込んでいない

三世紀初頭、それまで何もなかった奈良盆地の東南の隅、三輪山の扇状地に、政治と宗教に特化した都市が忽然と現れた。これが纒向遺跡で、のちの時代の宮域（平城宮など）と遜色ない規模を誇っていた。

纒向遺跡の特色は、各地から土器が集まってきたことで、発掘された外来系の土器は、全体の約三割に上っている。外来系土器を地域分けすると「東海四九％、山陰・北陸一七％、河内一〇％、吉備七％、関東五％、近江五％、西部瀬戸内三％、播磨三％、紀伊一％」となっていて、東から流れこんできたものが多いことに気づかされる。

また、各地の埋葬文化を寄せ集めて前方後円墳が編み出された。この新たな埋葬様式を日本各地の首長（王）が受け入れていき、三世紀後半から四世紀にかけてゆるやかな連合体が生まれた。これが、ヤマト建国だ。こうして、七世紀初頭まで続く古墳時代が始まったのである。

無視できないのは、纏向に北部九州の土器がほとんど持ち込まれていないこと、それどころか、三世紀の纏向が成立するとヤマトや山陰地方から多くの人びとが、北部九州に向かって流れていったことだ（土器の流れからわかる）。「強い王が西（北部九州）から東（ヤマト）に移った」という発想は、もはや通用しなくなった。ヤマト建国の考古学は、かつての常識を、ことごとく覆してしまったのだ。

それにしても、なぜ鉄器の保有数の少ない近畿地方南部に、国の中心となる都市が出現したのだろう。そしてなぜ、富み栄えていた北部九州が、東の人びとを受け入れたのか。

ヤマトに大都市「纏向遺跡」が出現する直前、日本列島は混乱状態にあった。中国の文書には、二世紀半ばから後半にかけて、倭国は大いに乱れたと記録されている。中国の後漢王朝の勢いが衰え、東アジアに動揺が広がり、その余波を受けてしまったのだ。「魏志倭人伝」には、男王が七十～八十年間倭国を統治していたとある。ただ、争いが絶えなかったので、女王を立てることで混乱を収拾した。これが邪馬台国の卑弥呼で、景初三年（二三九）に、魏に朝貢して親魏倭王の称号を獲得している。

邪馬台国の卑弥呼と纒向遺跡はほぼ同じ時代で、邪馬台国畿内論者は纒向遺跡こそ卑弥呼の邪馬台国と主張する。しかしそれは拙速だと思う。邪馬台国と纒向遺跡を結ぶ明確な証拠がまったく上がっていない。邪馬台国は北部九州沿岸部を南に向かった場所にあるという「魏志倭人伝」の記事の「南」を「東」に読み替えることで邪馬台国畿内説は何とか成立するが、ここに大きな疑問を感じる。

ただしここでは邪馬台国論争には深入りしない。あくまで、纒向遺跡の成立前後の日本列島の動きについて考えてみたい。これまで史学者は邪馬台国の場所を特定するためだけに、無駄な労力を割いてきたのだ。「魏志倭人伝」に記された邪馬台国がどこにあったかではなく、ヤマト建国の本当の歴史を再現することの方が、本質的な問題なのである。

建国のきっかけは近江・東海の勃興

弥生時代後期の西日本は、大きく分けて四つの文化圏に分かれていた。①北部九州から瀬戸内海西部にかけての銅矛《どうほこ》文化圏②近畿地方を中心に東海地方に広がる銅鐸《どうたく》文化圏③四隅突出型墳丘墓を造る出雲④特殊器台・壺型土器を造る吉備、の四つだ。出雲と吉備では、いち早く青銅器祭祀をとりやめ、個性的で大きな墳丘墓を造営するようになった。

この時代、鉄器の保有量は北部九州がトップで、この地域の首長（王）たちは、富と権力の両方を手に入れたのだった。また、出雲は北部九州と手を結び鉄を手に入れ、吉備もこの同盟のおこぼれをもらい受けていたようだ。これに対し、銅鐸文化圏の近畿地方南部の地域（ヤマトと周辺）は、鉄の過疎地帯であり続けた。

ならばなぜ、貧しいヤマトに国の中心が置かれたのだろう。

まず注目すべきは、近江・東海地方の勃興だ。わかりやすいのは伊勢遺跡（滋賀県守山市と栗東《りっとう》市にまたがる）で、近江を代表する霊山・三上山《みかみやま》の麓に、弥生時代後期を代表する巨大集落が出現していた。吉野ヶ里遺跡（佐賀県神埼郡吉野ヶ里町と神埼市）に次いで国内最大級の規模を誇る（約三十ヘクタール）。さらに、纒向遺跡が出現する頃、近くに前方後方墳（前も後ろも四角い墳墓）が出現していた。この墳墓は、ヤマトにも持ち込まれ、さらに、前方後円墳よりも早く、東日本を中心に各地に広まっていた。じつは、ヤマト建国のきっかけを作ったのは、「東の実力」だった。鉄が少ないからといって、潜在的な東日本の力を侮ってはいけなかったのだ。

弥生時代の人口密度を比べてみよう。一平方キロメートルあたり、九州の一五六（人）に対し、近畿は三三三、東海は四五〇、関東も三二〇ある。ちなみに、中国地方は一八〇だ（泉拓良・西田泰民責任編集『縄文世界の一万年』集英社）。人口は、東が優勢だったことがわかる。これは、意外な盲点だと思う。

鉄器が多ければ敵を圧倒できるという発想も間違いだ。戦闘に際し北部九州では鉄剣を用い、以東では弓矢をよく使っていたことが殺傷人骨の分析によって明らかになっている。九州の王たちは、鉄の威力を過信していたと思う。これに対し東の人びとは旧石器時代から継承されてきた黒曜石の鏃《やじり》を使っていたが、予想外に強力で、薄い鉄を貫通する力もある。大勢で遠くから射かければ、鉄剣でも勝てない。戦争（集団戦）が起きれば、人口で西を圧倒していた東は強かっただろう。

立役者はスサノヲ

弥生時代後期のヤマトと周辺地域は富を蓄えていなかったし、強い王が立っていたわけでもなかった。しかし、ヤマト（奈良盆地）を西から攻めるとなると、山脈が天然の城壁となって、強い防御力を発揮した。しかも東側からの加勢を得やすいという天然の要害で、「東の人口密度」を大いに利用して、北部九州に対抗できたわけである。

一方、北部九州は、朝鮮半島に近く、壱岐と対馬という止まり木があったから、朝鮮半島南部でとれる鉄を、どこよりも多く所持することができた。ただし、北部九州には弱点もあった。日本列島の他の地域が朝鮮半島の文物を手に入れるためには、どうしても北部九州を通らなければならない。だから東から見れば、北部九州勢力は邪魔でしかたない。当然、北部九州は、他地域から狙われる宿命を負っていたわけである。

しかも北部九州は東側からの攻撃に弱かった。筑後川の上流、大分県日田市の盆地を東側の勢力に奪われれば、身動きが取れなくなるからだ。事実、三世紀に日田の盆地の高台の一等地に宗教と政治に特化した環濠（壕）集落（小迫辻原《おざこつじばる》遺跡）が造られ、近畿地方や山陰地方の土器が流れ込んでいた。これは日田が東の手に落ちてしまったことを意味する。こうなっては北部九州に勝ち目はない。北部九州沿岸部にヤマトの侵入を許したのは、おそらく「日田を取られてしまった」からだろう。ヤマトは理にかなった戦略を立てたわけだ。北部九州の表（沿岸部）と裏（日田の盆地）から挟み打ちにしたわけである。

また、ヤマトは真っ先に奴国《なこく》（福岡市と周辺部）に拠点を構えていた。奴国といえば、弥生時代後期の「倭」の中心勢力で、後漢に使者を送り、金印を獲得したことで名高い。

ちなみに、『旧唐書《くとうじょ》』倭国日本伝には、「倭国はかつての倭の奴国だ」とあり、さらに「日本国は倭国の別種で、日辺（東）にあるから、日本を名乗った。また、日本は昔は小国だったが、倭国の地を併呑した」と記録する。「倭国」は北部九州周辺の鉄器を大量に保有する地域であり、「日本」は東側の貧しい地域（だから小国？）と解釈できる。その小国がかつての奴国を併呑したというのだから、この中国に残った伝承も、考古学のヤマト建国の図式と合致している。

ヤマト建国最大の目的は、北部九州↓朝鮮半島へと続く海の道（交易路）を確保することだった。北部九州をおさえたことで、ヤマトは急速に発展していく。

これが、ヤマト建国のいきさつなのだが、これだけで、すべてを語ったことにはならない。奈良盆地が天然の要害だとしても、何者かが計略を立てて、弱く貧しい者が西に対抗する手立てを考えたはずで、これまで気づかなかったヤマト建国のプランナーがいたはずなのだ。筆者はその立役者が「スサノヲ」だと考えている。なぜそう考えるのか、ここから説明をしていこう。もちろん、話の根底に流れているのは、考古学の裏付けである。

近江・東海へ浸透したタニハ

なぜ、弱く貧しかったヤマトに人びとが集まり、巨大勢力に成長できたのか。その裏事情を、明らかにしておきたい。鍵を握ってくるのは、当時の表日本、山陰地方と日本海沿岸勢力である。

そこで注視したいのは、纏向以前の山陰地方の情勢だ。

出雲は、壱岐→対馬→朝鮮半島の航路を自在に往き来する北部九州勢力と手を組み、鉄を入手していた。富と力を蓄えた出雲の首長は巨大な四隅突出型墳丘墓を造営し、この埋葬文化は東に向かって伝播していった。ところが、鳥取県の先の地域である但馬、丹波、丹後、若狭は独自の方形墳丘墓を造営し、四隅突出型墳丘墓を拒んだ（四隅突出型墳丘墓文化圏にはさまれて独自色を消さなかった地域を、仮に「タニハ」と呼んでおく）。

タニハの西側の地形は起伏に富み守りやすかった。そのためだろう、出雲の四隅突出型墳丘墓はタニハを飛び越えて、越《こし》（のちの越前と越中）にもたらされた。これに対し、タニハは越後と手を結んでいる。出雲とタニハの双方が、遠交近攻策をとっていたことがわかる。こうして「北部九州＋出雲 vs.タニハ」の暗闘が始まった。

そこでタニハは、内陸部との交易を活発化させ（考古学的にわかっている）、この結果、近江や東海が力をつけていった。丹後半島周辺で造られた方形墳丘墓が近江で発展し、四角い墳丘墓に四角い出っ張りを足した「前方後方墳（前方後円墳ではない。念のため）」が編み出されたようだ。こうして、近江・東海地域の人びとは纏向に進出した。また、前方後方墳は、前方後円墳よりも先に東国を中心に、各地に伝播していった。

こうしてタニハは逆襲に出た。西に向けて進出していったことがわかっている。出雲を圧迫するようになったのである。

古米、淡路島は畿内ではなかった

ここで、話は弥生時代後期の淡路島（兵庫県）に飛ぶ。一世紀頃の百年以上続いた集落があり、竪穴建物跡二十三棟が見つかっていて、そのうち十二棟が鉄器工房だった。

これが、五斗長垣内《ごっさかいと》遺跡（淡路市黒谷）だ。さらに、近くの山間部に大規模集落・舟木遺跡（淡路市舟木）があって、二世紀半ばから三世紀にかけての鉄器工房が見つかっている。

ヤマトから遠望できる淡路島に鉄器工房が存在したことから、邪馬台国畿内論者は「弥生時代後期のヤマトに鉄が入っていたはずだ」「これは邪馬台国畿内説に有利な証拠になる」と考える。しかし、これらの憶測は邪馬台国論争によくありがちな、「結論ありき」の主張にすぎない。同時代の近畿地方南部から鉄器はほとんど出土しない。「淡路島の鉄器工房」は、むしろ、新たな謎を生んだのである。ヤマトの目と鼻の先に大量の鉄が持ち込まれたのに、なぜヤマトに鉄は入らなかったのか……。

答えはあっけないほど簡単だと思う。

纏向に人びとが集まる直前まで、出雲と吉備は北部九州の戦略に乗っかっていて、ヤマトやタニハとにらみ合っていた。その境界線が淡路島だったのだろう。弥生時代後期、北部九州、出雲、吉備が大量の鉄を保有してヤマト周辺や東を凌駕していたことを考えれば、淡路島の鉄が、「西側の戦略物資」だったことは明らかだ。その一方で、「東の潜在能力」に脅えていた「西」は、淡路島を防波堤と考え、ここに鉄器工房を造ったのだろう。

南あわじ市でみつかった松帆《まつほ》銅鐸のひとつが、出雲市の荒神谷遺跡の銅鐸と同じ鋳型（同笵）で造られていたことがわかっている。銅鐸が造られたのは古い時代だが、淡路島と出雲は、長い間戦略的に結びついていた可能性が高い。そしてこのラインこそ、北部九州によるヤマト（東方勢力）封じ込め策の痕跡であり、淡路島で作られた鉄器は、「ヤマトいじめ」に協力した地域へと配られていったのだろう。

淡路島の地政学的特性は、南北で重要な海峡に接していたことだ。瀬戸内海の東側の出入口の役目を果たし、淡路島そのものが、ヤマトを封じこめる「蓋」になっていたわけである。

国生み神話で、イザナキとイザナミは磤馭慮島《おのごろ》（現実には存在しない）を生み、ここを足がかりにして、まず淡路島を生んだ。ヤマト政権にとってこの島が重要な意味をもっていたからと一般には考えられている。たしかに大切な場所なのだが、ここを支配しなければ政権が成り立たず、逆に敵に取られてはいけないから戦略上重要だったのだ。

ヤマト建国後、淡路島は繁栄が許されない土地になった。呪いをかけられていたように、淡路島は封じこめられてしまう。古墳時代の淡路島には強大な豪族は現れなかったし、歴史時代に入ると、政争に敗れた貴種が流されていた。

淡路島は今は兵庫県だが、歴史的に「畿内（近畿地方）」に含まれていない。万葉歌人たちは、西側からヤマトに戻る時、淡路島の海域を通過した瞬間、「故郷に帰ってきた」と喜び、歌にしている。律令が定めた「畿内」の領域も、淡路島の東側までだった。

つまり、ヤマト建国前後、淡路島（明石海峡）をめぐる争奪戦が起きていたのだろう。その証拠は、残っている。

『播磨国風土記』に残された出雲とタニハの戦い

ヤマト建国の最初のきっかけは、弥生時代後期に勃発した出雲とタニハ（但馬、丹波、丹後、若狭）の主導権争いだ。それが瀬戸内海に飛び火した。

本来なら、出雲はタニハと同じ悩みを抱えていたはずだった。朝鮮半島と日本列島をつなぐ航路を支配していたのは北部九州で、出雲も、中国に通交することが困難な「閉じ込められた空間」に位置していた。北部九州沿岸部が航路を独占している間は、山陰地方・タニハの発展は難しかった。だから出雲は、北部九州とタッグを組んだ。するとタニハは、知恵をしぼって、南部近畿、近江、東海とつながって生き残りの道を模索していったわけだ。

そして淡路島と周辺一帯が出雲 vs.タニハのもうひとつの戦場になっていった可能性が高い。明石海峡の主導権争いでもある。タニハの仕掛けたヤマト建国の成否は、淡路島と周辺地域を北部九州や出雲から奪い取れるかどうかにかかっていたはずだ。

瀬戸内海は東西四つの狭い出入口と内海に浮かぶ多くの島々で構成されていた。海底の地形が複雑で、速い潮流が生まれる。潮のクセを知っている海人にとって瀬戸内海は楽園だが、よそ者には近寄りがたい海域だった。ヤマトに拠点を造って北部九州に向かうとすれば、瀬戸内海を支配しなければならない。逆に、ヤマトの発展を恐れた北部九州と出雲は淡路島と手を組み、瀬戸内海の東の出入口を塞いでしまったわけだ。

ここで近江と東海勢力は奈良盆地に進出し、タニハは淡路島周辺に圧力をかけたのだろう。その証拠は、『播磨国風土記』に残されている。播磨で、「出雲の神」と「タニハ(但馬)のアメノヒボコ(天日槍)」が戦っていたと、『播磨国風土記』は記録する。播磨は、まさに明石海峡をはさんで淡路島の対岸に位置する。

ただしこれまで、アメノヒボコと出雲神の争いは歴史として扱われることはなかった。何しろ、アメノヒボコは歴史時代の実在の人物で、出雲神と時空を越えて出逢ってしまっているからだ。ただ、この「常識」を信じてはならない。

現存する『播磨国風土記』は特殊な文書だった。朝廷に提出する前に原本を書写して播磨に残しておいたものだ。朝廷の検閲を受ける前の文章が、そのまま残っていたのだ。つまり、『日本書紀』編纂者たちのチェックも入っていなかったし、歴史改竄の口裏合わせもまだしていない状態の「播磨の純粋な伝承」だった。だから、「『日本書紀』の示した時代と合わない」と切り捨ててしまう必要はない。出雲とタニハが播磨で衝突することは、地政学的に考えても、必然だったからである。

山陰地方の二大勢力、出雲とタニハから南に延びる二本の道がVの字になって、播磨の瀬戸内海沿岸部で衝突する。播磨の東端部は要衝で、沿岸部は崖になっていて畿内に通じる東西の陸路を寸断している。さらに、淡路島との間に明石海峡が存在する。

これらの領域をおさえた者が、巨大な内海・瀬戸内海で優勢となる。だから、播磨と淡路島の奪いあいに発展したのだ。最初は西が播磨と淡路島を占拠していたが、最後にタニハとヤマトが勝ち取ったのだろう。

河内に拠点を構えた吉備

出雲と吉備がヤマト建国に参画していたことがわかっているが、それは明石海峡争奪戦に敗れたからだろう。このあと、出雲はヤマト勢力とともに北部九州沿岸部になだれ込む。

一方、吉備はしたたかだった。吉備は奈良盆地手前の河内（生駒山の西側）に拠点を構え、纏向に執着していない。纏向にもたらされた吉備の土器の数は少なかった。なぜ、吉備はヤマトの中心となる纏向を軽視したのだろう。吉備は、先に纏向に入った「東」の弱点を突いたのだろう。

奈良盆地は関西にありながら、「東」とのつながりが強かった。縄文時代から東側と陸路で通じていたし、稲作文化が西から押し寄せてくると、東北地方で盛行していた土偶を使った呪術を施し、新たな文化の侵入を拒んでいたようなのだ（橿原市）。盆地の西側の山並みが、稲作を拒む壁になっていたのだ。

吉備は、この「東とつながるヤマト」に集まった勢力の中で、対等かそれ以上に有利に立てる策を練ったのだ。近江と東海勢力は、本能的に「西から攻められても逃げられ、東から助けてもらえる場所」に拠点を構えた。それが奈良盆地の中でも「東に近い纏向」だった。そこで吉備は、纏向の優位性を逆手にとった。奈良盆地の西側の山並みを奪ってしまえば、奈良盆地のくぼみの両側に、東西の勢力がにらみ合う形ができ、「あとからやってきたビハインド」を挽回できる。生駒山を背にすれば、纏向の「東」と同等に渡り合えたし、大和川を下った場所が大阪府八尾《やお》市（河内）で、吉備はこの流通と戦略の要衝をおさえた。

河内の八尾市といえば物部氏の本貫地であり、彼らは吉備からやってきたのだろう。生駒山を古くは「ニギハヤヒ山」と呼んだ。ニギハヤヒは物部氏の祖で、神武東征以前に天磐船《あまのいわふね》に乗って舞い降りてきた人物だ（『日本書紀』）。物部氏の祖は吉備出身で、ヤマト政権黎明期から政権の中枢に立った人びとであろう。

吉備の戦略は老獪で、虎視眈々とヤマト＋日本海勢力から主導権を奪おうと狙っていたようで、奴国から東側の日本海沿岸部（出雲やタニハにかけて）の地域が、一気に弱体化したのは、日本海勢力の兵站線が延びきったところで瀬戸内海勢力（吉備＝物部氏の祖）が裏切ったからだろう。

結局、吉備がもたらした埋葬文化を土台にして前方後円墳が誕生し、七世紀初頭まで古墳時代（前方後円墳体制）は続くが、物部守屋の滅亡とほぼ同時に古墳時代が終わるのは、偶然ではない。ヤマトの中心に立っていたのは吉備出身の物部氏で、古墳時代をリードしていったのだ。

出雲の国譲り神話は、ヤマト建国前後の主導権争いによって日本海勢力が没落した歴史をモチーフにしていた可能性が高い。ところが、そのあとの天孫降臨と神武東征は、物証（考古学）と嚙み合わない。ならば、これらの説話はすべてでたらめなのか、あるいは歴史改竄によって別の物語にすり替えられてしまったのだろうか。ヒントは意外な場所にあった。

神功皇后の足取りと考古学

史学者の多くは、神話から神武東征に続く『日本書紀』の記述をほぼ無視してしまっているし、「神話は天皇家の祖の歴史を美化するためのプロパガンダ」と信じ、軽視しているから、なかなか謎解きは進まない。しかし、ヤマト建国の考古学と寸分違わず重なる人物群が『日本書紀』に登場する。第十五代応神天皇とその母・神功皇后や武内《たけのうちの》宿禰《すくね》のことだ。

彼らこそ、ヤマト建国の真相を今に伝えていると思う。ただしこのあたりの事情は拙著『神武天皇vs.卑弥呼』（新潮新書）の中で詳述しているので、簡潔に述べておこうと思う。

『日本書紀』によれば、第十四代仲哀《ちゅうあい》天皇と神功皇后は「熊襲《くまそ》が叛いた」ために、遠征に向かう。穴門豊浦宮《あなとのとゆらのみや》（山口県下関市）にしばらく滞在したあと、儺県《なのあがた》（旧奴国）の橿日宮《かしひのみや》（福岡市）に遷った。ただしここで、仲哀天皇が神の言いつけを守らず、急死してしまう。そこで神功皇后は、陣を南に移し、山門県《やまとのあがた》（福岡県みやま市）の女首長を討ち取ったあと、海を渡って新羅征討を敢行した。九州にもどって子を産み（応神）、ヤマトの政敵（仲哀天皇の皇子たち）を排除したのだった。

『日本書紀』に登場する神功皇后の名は「息長帯比売命《おきながたらしひめのみこと》」で、「息長」は近江系を意味している。神功皇后は越（福井県敦賀市）から日本海側を経由して西に向かったのだから、その軍勢は近江＋日本海（タニハ）の連合軍を暗示している。また、三世紀のヤマト勢力が奴国に進出していたことも考古学は突きとめているが、これも神功皇后の足取りと重なる。橿日宮は東側から奴国を統治するには、ここしかないという高台だ。また神功皇后は、邪馬台国北部九州説の最有力候補地の女首長を滅ぼしている。

江戸時代の国学者・本居宣長は、北部九州（山門県）の女王が「われわれはヤマト（邪馬台国）である」と魏にウソの報告をしたと考えた。これがいわゆる偽僭説で、邪馬台国論争は、すでに江戸時代に解決していたと思う。その嘘をついた山門県の女王・卑弥呼を討ち取ったのが、神功皇后であろう。『日本書紀』は神功皇后の説話の中で、「魏志倭人伝」の記事を引用していて、神功皇后が邪馬台国の時代の女傑だったことを半ば認めている。

神功皇后がヤマト建国の当事者だったのに、『日本書紀』は煮え切らない態度をとったのだ。その理由もはっきりとしている。武内宿禰が神功皇后を助け、応神を守ったことが、大きな意味を持っていたと思う。

住吉大神と神功皇后の秘め事

『日本書紀』編纂の中心に立っていたのは藤原不比等で、父・中臣（藤原）鎌足とともに、共通の政敵は蘇我氏だった。『古事記』は蘇我氏の祖を王家の末裔の建内宿禰《たけのうちのすくね》（武内宿禰）と記録するが、『日本書紀』は蘇我氏の祖を明記しない。『日本書紀』は武内宿禰がヤマト建国時に活躍した英傑だったから武内宿禰と蘇我氏の関係を断ち切ったのだろう。つまり、『日本書紀』がヤマト建国にさかのぼって歴史を抹殺したのは、正統な蘇我氏の系譜を隠匿しなければならなかったからだろう。

ここで問題は三つある。仲哀天皇は橿日宮で神のいいつけを守らずに急死したが、この恐ろしい神は住吉大神《すみよしのおおかみ》だったこと、住吉大社（大阪市住吉区）では「仲哀天皇が亡くなられた晩、住吉大神と神功皇后は夫婦の秘め事をした」と伝えられていること、そして、その住吉大社では住吉大神と神功皇后を並べて祀り、仲哀天皇を無視していることである。これは、「不遜な伝承」を社殿を用いて強調し確認するもので、『日本書紀』を嘲笑っているように思えてならない。少なくとも、天皇家にとっては屈辱的だが、黙認せざるをえなかったとなれば、異常な事態である。

明治天皇は東京に遷られる前、住吉大社を参拝している。もちろん、伊勢よりも先に住吉大社に参拝されたのだ。ここに、大きな謎が秘められていると思う。

ちなみに住吉大神は、日本を代表する海の神「綿津見《わたつみ》三神《さんしん》（底津少童命《そこつわたつみのみこと》・中津少童命《なかつわたつみのみこと》・表津少童命《うわつわたつみのみこと》）」と共に生まれた。住吉大神も三柱で、日本を代表する海の神である（底筒男命《そこつつのおのみこと》・中筒男命《なかつつのおのみこと》・表筒男命《うわつつのおのみこと》）。余計なことを言っておくと、スサノヲも神話の中で海の統治を委ねられた神だ。

さらに、住吉大神の別名は塩土老翁《しおつつのおじ》で老人だが、武内宿禰も三百歳近い長寿を保ったとされ、北部九州でよく見かける応神を抱く武内宿禰像は、どれも老人だ。「老」という共通の属性を持つ両者は同一だったのではないか。

『古事記』は、仲哀天皇が亡くなった晩、神功皇后と共にいた生身の男性は武内宿禰だけだったと言う。このあと生まれた応神に武内宿禰が寄り添い、守りつづけたのは、ふたりが親子だったからではなかったか。つまりこう考えると、ヤマトの王家の祖は蘇我系だったわけで、これを『日本書紀』はあらゆる手段を駆使してでも抹殺する必要があったのだろう。

よくよく考えれば、もし天皇家の祖が本当は塩土老翁（住吉大神）で、それが蘇我氏の祖の武内宿禰と同一であったとすれば、天皇家は自身の祖の正体が塩土老翁だったことを知っていて、だからこそ、住吉大社の「仲哀天皇を無視した」奇妙な祭祀形態に異を唱えなかったという推理が可能となる。苦々しく思っていたのは天皇家ではなく、『日本書紀』を編纂した藤原不比等の末裔の藤原氏であろう。しかし、住吉大社を潰すこともできず、無視するほか手はなかったに違いない。

塩土老翁（住吉大神）は、天孫降臨神話や神武東征説話にも登場している。海幸山幸《うみさちやまさち》神話では、兄の釣針をなくして困っている山幸彦（天皇家の祖・彦火火出見尊《ひこほほでみのみこと》）を海神の宮に導き救い、神武東征説話の場面では、「東に都にふさわしい土地がある」ことを伝え、ヤマトに誘った。塩土老翁には「王家の祖を誘う」という属性が備わっていたのだ。

この、住吉大社と天皇家の深いつながりについては、後に再び触れる。ヤマト建国時の天皇家の祖を見守っていたのは住吉大神（塩土老翁）であり、住吉大社はいまだにそれを伝える努力を怠っていないのである。

神武・応神と海神のつながり

くどいようだが、神功皇后と武内宿禰の活躍は、そっくりそのままヤマト建国の考古学と重なっている。また『日本書紀』は、神功皇后の説話の中に「魏志倭人伝」の邪馬台国の記事を載せている。そして、生まれたばかりの応神は武内宿禰らに導かれて九州からヤマトに向かうが、政敵に阻まれ、紀伊半島に迂回している。この行動は『日本書紀』の神武東征とそっくりなのだ。これはいったい何を意味しているのだろう。

さらに、神武天皇の母と祖母は海神の娘で、その海神を祀っていたのは阿曇《あずみ》氏なのだが、神功皇后も阿曇氏と強く結ばれていたし（神功皇后が新羅征討に向かった時、水先案内人を務めたのは阿曇氏の一族）、住吉大社で大切に祀られる大海《だいかい》神社の祭神は、阿曇氏の祖神だ。そして阿曇氏の拠点は旧奴国であり、ヤマト建国の前後、ヤマトと日本海勢力が奴国に乗り込んで北部九州をおさえていたことは、すでに述べたとおりだ。

応神天皇も海人と強くつながっている。天文元年（一五三二）に編まれた『塵添壒囊《じんてんあいのう》鈔《しょう》』（巻七）に応神天皇は海神の末裔で、竜尾があったと記録されている。また、皇祖神のウガヤフキアエズは海神の子だから、代々竜尾があったと言う。民族学者の大林太《た》良《りょう》は、『古事記』や『日本書紀』の神話の裏側に、「王権の根源を海に求める観念が、ちらりと見え隠れしている」（大林太良編『日本の古代8　海人の伝統』中央公論社）といい、イザナキが海水でミソギをしたとき綿津見神と底筒男命・中筒男命・表筒男命（住吉三神）とアマテラス、ツキヨミ、スサノヲが生まれていることを重視している。海で海人の祀る神々とスサノヲらが生まれていたのである。

そして問題は、神武天皇が奴国の阿曇氏の祀る海神の娘から生まれ、応神天皇は海神の末裔と伝わっていたことだ。両者はどこから見てもそっくりだ。

このように、神功皇后と武内宿禰、応神らの人物群をヤマト建国時の人びとと捉えれば、多くの謎が解けてくるのである。

そして、神功皇后は山門県の女首長を滅ぼしていた。くり返すが、山門県は邪馬台国北部九州説の最有力候補地であり、殺された女首長は、卑弥呼であろう。卑弥呼は「親魏倭王」の称号を獲得していたから、卑弥呼殺しは魏に背くことに直結する。そこで、神功皇后が「卑弥呼の宗女（一族の女性）」を名乗り、北部九州で女王に立ったのだろう。また「魏志倭人伝」には、卑弥呼亡きあと男王が立ったが国中服さず、台与《とよ》が立てられたとある。この時立てられた男王は、仲哀天皇のモデルだった可能性もある。

天孫降臨神話は九州南部への逃避行

神功皇后は「魏志倭人伝」に言う「台与（壱与《いよ》）」であろう。その証拠に、神功皇后は「海のトヨの女神」と多くの伝承の中で接点を持ってくる。『日本書紀』も、「神功皇后の宮は豊浦」といっている。これは、「トヨの港」を意味する。

問題は、邪馬台国のトヨが、歴史からフェイドアウトしてしまい、『日本書紀』もヤマト建国時の女傑を記録していないことなのだ。神功皇后は応神とともにヤマトに凱旋したと『日本書紀』は言うが、それならなぜ「天皇家の祖は女王だった」と記録しなかったのだろう。じつはここに、天孫降臨と神武東征の本当の歴史が隠されていると思う。どういうことか、説明して行こう。

考古学は、ヤマト勢力が奴国に進出したあとしばらくして、奴国が急速に没落したことを突きとめている。奴国だけではない、出雲でも、中枢部の集落が縮小してしまっている。奴国や山陰地方が、なぜか没落していたのだ。

弥生時代後期の奴国は後漢と接触して、金印をもらい受けていたが、それが江戸時代、志賀島《しかのしま》で偶然見つかっている。いわゆる「志賀島の金印」で、奴国が滅亡した時、貴種たちが逃げ惑う中、貴重なお宝を隠していったのではないかとする説がある。大いにあり得る。邪馬台国を滅ぼして北部九州の王に立った神功皇后は、吉備に裏切られ、奴国の没落によって、どこかに逃げたのではなかったか。行き先は南部九州だろう。

これが天孫降臨神話であり、天上界から高千穂（宮崎県と鹿児島県の県境の高千穂峰と宮崎県西臼杵郡高千穂町の二説あり）に舞い下りたという設定はお伽話であり、現実には、高千穂から歩いて向かった先の笠狭碕《かささのみさき》（鹿児島県南さつま市笠沙町の野間岬）が上陸地だろう。

弥生時代に南西諸島から鹿児島の西海岸や有明海を経由して日本海をつなぐ「貝の道（交易路）」がすでに完成していて、その中継基地が野間岬だった。とすれば、日本を代表する海の民である阿曇氏らに導かれ、神功皇后らは野間岬に逃げたのではあるまいか。そして、その末裔が、神武天皇（応神）であり、だからこそ、地上界に舞い下りた天孫族を、塩土老翁（住吉大神）が助け、導いたのだろう。改めて確認しておくが、住吉大神は、武内宿禰だと思う。

祟る日本海の鬼・大物主神

天孫降臨は、敗者の逃走劇だった……。王家の祖は、南部九州（日向）に逼塞し、零落したのだろう。

ならばなぜ、日向で落ちぶれていた神武が、ヤマト東征を果たせたのだろう。

実在の初代王と目される崇神天皇が、ヒントを握っている。『日本書紀』崇神五年条に、興味深い記事が載る。疫病が蔓延し、人口が半減した。すると困り果てた崇神に、夢のお告げが下りた。大物主神（出雲神）の子を探し出して大物主神を祀らせればよいという。

その通り実行すると、世は平静を取り戻したという。この話、実に意味深長だ。『日本書紀』の出雲神話は「旧出雲国（島根県東部）」という狭い地域の物語だが、実際には「日本海勢力が瀬戸内海勢力に裏切られた事件」であろう。ちなみに崇神天皇の母と祖母は物部系で、「本当のヤマトの初代王・崇神は吉備系の王」ということを『日本書紀』は暗示している。吉備系（瀬戸内海）の政権に裏切られた日本海勢力が恨み、崇ったのが、この崇神五年の事件である。

大物主神はヤマト政権黎明期の都「纏向」のすぐ近くの三輪山を住処にしているが、山頂には高宮《こうのみや》神社が祀られ、「日向御子《ひむかのみこ》」という聞き慣れない神が祀られる。通説は

「三輪山が太陽信仰の山だから日に向かう神」と説明するが、「御子（若・稚）＝童子」は祟る鬼のことで、日向御子は「日に向かう鬼」ではなく、「日向（南部九州）で恐ろしい形相でヤマトをにらんでいた鬼」の意味だろう。祟る鬼を退治できるのは鬼のような力を持った童子なのであって、日本海の恐ろしい祟る大物主神を鎮めることができたのは、日本海から奴国を経由して日向に落ちぶれた貴種たちの末裔であり、その正体は神武天皇（応神）であろう。吉備系の崇神天皇は、祟りの怖ろしさに耐えきれず、日向の祟り封じができる童子（神武）をヤマトに呼び寄せ、大物主神の祟りを鎮めてもらったのだろう。また、神武をヤマトに招くことによって、祭司王をトップに立てる体制（実権は与えない）が整ったのである。

大物主神の「物［モノ］」は「鬼［モノ］」と同じで、大物主神の名を分解すると、「大いなる鬼［モノ］の主の神」となる。ヤマトの中枢を見下ろす三輪山の神・大物主神は、日本一恐ろしい神なのだ。鬼の中の鬼であり、神の中の神なのである。

つまり、ヤマト建国は、勝者が敗者の王を招き入れることによって完結したのである。

次章では、いよいよスサノヲの謎に迫ってみよう。アマテラスを祀る伊勢神宮とスサノヲの不思議な関係について、述べていきたい。

第三章　天皇家の祖神はスサノヲなのか

天皇家の祖はスサノヲ？

古いヤマトの太陽神は、アマテラスではなくスサノヲだったのではないかという指摘がある。

記紀神話伝承の研究者、泉谷康夫は『日本書紀研究　第一冊』（三品彰英編　塙書房）の中で、スサノヲとアマテラスの誓約の原型は、ヒルコ（アマテラスの後に生まれたが、のちに捨てられた子）とヒルメ（アマテラス）の聖婚だったのではないかと考えた。

『日本書紀』の誓約神話にはいくつもの異伝が記録されているが、その中でもアマテラスが大日孁貴や天照大神ではなく「日神」と呼ばれて登場する場面があって、スサノヲの持ち物から生まれた男子が天皇家の祖になっている。これこそ古い神話で、「アマテラス」という人格神が生まれる前は、スサノヲが天皇家の祖と考えられていたからではないかというのだ。

『日本書紀』神話は神代の「～段」ごとに本文とは別に、いくつも異伝を用意しているが、誓約をめぐる説話も、複数の内容の異なる「アマテラスとスサノヲ」のやりとりが語られる。その中でアマテラスは、スサノヲに対し「お前が生んだ子は自分（天照大神）の物実《ものざね》でできたのだから、その子（男子）は、私の子だ」と主張し、子を交換している。泉谷康夫はこの異伝を、スサノヲが日神だったのに、「日神が天照大神となり、この神が素戔嗚尊に代って皇室の祖先神とされるに至った後、話のつじつまを合わせるために潤色せられて出来上がったものと考えられる。物語の複雑さからいっても、このように考える方が自然であろう」（『記紀神話伝承の研究』吉川弘文館）という。正鵠を射ている。

また、『日本書紀』神話の中で日神（オオヒルメノムチ、天照大神）が生まれたあと、ヒルコ（蛭児）、月神、スサノヲの順番で神々が生まれていくが、日神（大日孁貴＝ヒルメ）とヒルコは姉と弟で対をなしている。また、ヒルコは三歳になっても歩けなかったために捨てられてしまう。かたやスサノヲは「八握鬚髯」が生えても泣き止まなかった。どちらも「嬰児」の特徴をもっていて、ヒルコが流された直後にスサノヲが生まれている。ここでヒルコとスサノヲは重なって見えると泉谷康夫は言う。

もしこの仮説通り、スサノヲが太陽神で天皇家の祖だったとしたら、『日本書紀』がこの事実を抹殺し、女神の太陽神・アマテラスを創作したことになる。その上で、アマテラスを天皇家の祖神に祀りあげたわけだ。

なぜ、このような「改竄」を必要としたのだろう。

「アマテラスと大物主神は一体分身」

ここで注意しなければならないのは、日本の太陽神はアマテラスだけではなかったことだ。各地域や諸勢力ごとに、それぞれの太陽神が存在した。たとえば、物部氏の場合、祖神ニギハヤヒの名は天照国照彦天火明櫛玉饒速日尊《あまてるくにてるひこあまのほのあかりくしたまにぎはやひのみこと》で、「天照」の二文字を冠している。『日本書紀』に登場するアマテラスは八世紀の朝廷が正式に定めた太陽神にすぎない。

アマテラスは『日本書紀』神話の中で、最初「大日孁貴」の名で登場する。これを分解すると「大日巫女」となり、太陽神を祀る巫女の意味になる。つまり、太陽神を祀る側の大日孁貴は、いつの間にか祀られる側の「天照大神」へと変化していったのだ。史学者の多くは、この現象を「昇華」と解釈しているが、どうにも腑に落ちない。太陽は「陽」「＋（凸）」で、世界を見渡しても太陽神は基本男性だからだ。

京都の夏の風物詩、祇園祭の山鉾のひとつ「岩戸山」に祀られているアマテラスが髭を生やした男神であることは、つとに名高い。伊勢外宮の祭神・豊受大神《とようけのおおかみ》は、伊勢内宮のアマテラスが「独り身で寂しい」というから連れて来られた女神だ。実はアマテラスは男神で、ふたりは夫婦になったのではないか？

伊勢斎宮《さいくう》の斎王（皇族の巫女）は、原則として生涯独身だった。観念上、アマテラスの妻になるからだろう。鎌倉時代の僧・通海《つうかい》が記した『通海参詣記』には、伊勢の斎王の寝床の上には、毎朝必ず蛇のウロコが落ちていて、それは伊勢の神が通って来るからだと記している。

伊勢のアマテラスは、男神だろう。『日本書紀』のいう「女神・アマテラス」を否定する証言は増えてくるばかりだ。ヤマトの大神《おおみわ》神社にも、奇妙な伝承が残されている。

奈良県桜井市の大物主神を祀る大神神社では、「伊勢の神（アマテラス）と三輪の神（大物主神）は一体分身」と語り継いで来た。この教説は、もともと伊勢外宮から伝わったもので、謡曲（能）の「三輪」にもこの話が使われている。もちろん、大物主神は男神である。すでに触れたように、大物主神は「大いなるモノ（鬼）の主」で神の中の神なのだから、大物主神も十分「日本を代表する太陽神」だった可能性が高いし、大物主神が祀られる三輪山は太陽信仰で名高い。

なぜ崇神天皇はアマテラスを遠ざけたのか

実在の初代王・崇神天皇は、即位後宮中でアマテラスを祀っていたが、神威が強すぎる（恐ろしい）ということで、遠ざけたという（『日本書紀』）。三輪山麓で祀られたあと、第十一代垂仁《すいにん》天皇の時代に巫女に憑依したアマテラスは、伊勢の五十鈴川の川上に安住の地を見つけたという。これが、伊勢神宮の起源説話になった。

気になるのは、「アマテラスが恐ろしい」という話と「大物主神が疫病を流行らせた」話が『日本書紀』の中で同時進行していたことだ。実は大物主神こそ、男性の太陽神で、天皇が恐れたアマテラスだったのではあるまいか。

伊勢神宮は、曲者だ。七世紀の天武・持統朝の段階で今のように整えられたと考えられているが、神話と伊勢神宮はセットになっていて、神話のアリバイ証明として、伊勢神宮が必要だったのではないかと思えてならない。どういうことか、説明しておこう。

史学者の多くは天武と持統をおしどり夫婦と考えている。『日本書紀』が、二人の仲が良かったことを記録しているからだが、『日本書紀』の記事は大袈裟でかえって怪しい。何しろ天武と持統それぞれを後押ししていたのは別のグループ（親蘇我派と反蘇我派）で、犬猿の仲にあった。『日本書紀』はこの事実を覆い隠そうとしている。

もし仮に天武が伊勢神宮を整えていたら、今日まで残らなかったかもしれない。持統天皇を担ぎ上げていたのは藤原不比等で、このあと藤原氏が朝廷をほぼ独り占めにし、藤原（中臣）氏が神祇祭祀を独占していく。

伊勢神宮を整備したのは持統天皇

伊勢神宮を整えたのは天武ではなく持統だろう。そう思う根拠はある。

天武二年（六七三）四月、天武天皇は娘の大来皇女《おおくのひめみこ》を斎王に立て、伊勢の斎宮（伊勢神宮ではない）に遣わした。斎宮から真西にラインを引くと、ちょうど三輪山麓の檜原《ひばら》神社にたどり着く。その精度は、現代の技術と遜色ないほど正確だという。ぴったり同じ緯度（東西ライン）に乗っていたのだ（渋谷茂一『巨大古墳の聖定』六興出版）。

檜原神社は、崇神天皇が放逐したアマテラスが、一度とどまった場所である。『日本書紀』の中で檜原神社は仮の宿という位置づけだが、ここが原初のヤマトの太陽信仰の起点であろう。太陽信仰は、斎宮と檜原神社の東西ラインで完結していたことになり、あえて伊勢内宮を建てる必要はなかったのである。

民俗学者の新谷尚紀は、伊勢神宮の整備をはじめたのが天武という通説を認め「世俗王権と祭祀王権との両者を合して一身に帯する超越神聖王権」の構築を目指したのが天武天皇で、それは中国皇帝を意識していたとする。律令国家に君臨する絶対的な支配者になるためだという。そして、その後継者が持統天皇だったと指摘している（『伊勢神宮と出雲大社』講談社選書メチエ）。

しかし、これは大きな誤解だ。中国から日本に導入された律令制度は、日本的にアレンジされて、伝統的な合議制（太政官）を尊重している。天武天皇が絶対的な権力を握った（皇親政治）のは、律令制度を整備するための一時的な方便にすぎない。さらに、持統天皇は天武天皇の後継者ではない。持統天皇は天武天皇を裏切っている。ここがわからないから、伊勢神宮や神話やスサノヲを見誤るのである。

伊勢神宮のできごとを記録した『大神宮諸雑事記《だいじんぐうしょぞうじき》』（十から十一世紀）に、内宮の式年遷宮が初めて行なわれたのは持統四年（六九〇）で、外宮は持統六年（六九二）のことだったとある。このため、二十年に一度の遷宮は、この時はじまったと一般には考えられているが、国史における遷宮の初見は『続日本後紀』の嘉祥二年（八四九）九月七日だ。持統四年の「遷宮」は、二十年に一度の改築ではなく、他の場所から伊勢内宮に遷し祀ったことを意味しているのではあるまいか。

天皇家の祖が単為生殖だった理由

持統天皇の諡号《しごう》は「大倭根子《おおやまとねこ》天之《あまの》広野《ひろの》日《ひ》女尊《めのみこと》」だったが、『日本書紀』はこれを「高《たか》天原広野姫天皇《まのはらひろのひめのすめらみこと》」にすり替えている。最初の諡号が前者だったことが、『続日本紀』で暴露されているのだ。後者は天上界に光り輝く女神・アマテラスのイメージだ。持統天皇はここで、太陽神の皇祖神に化けたのだ。

天武天皇を推していたのは親蘇我派の貴族たちで、持統天皇は反蘇我派の急先鋒だった天智天皇（中大兄皇子）の娘だから、天武天皇亡きあと、反蘇我系の持統天皇が即位し、しかも彼女をアマテラスになぞらえることによって、「女神アマテラス＝持統女帝」から始まる新たな王統が、観念上完成した。つまり、伊勢神宮整備も神話の創作も、藤原不比等の思惑通りになったわけである。

ここで思い出されるのは、神話のアマテラスとスサノヲの誓約の場面だ。イザナキとイザナミは肉体関係を結んで国土を生み、神々を生んでいたのに、アマテラスとスサノヲはお互いの持ち物から天皇家の祖を生み落としている。ここで、アマテラスやスサノヲは単為生殖をしていたわけで、それはなぜかといえば、天武天皇と持統天皇の関係を思い浮かべれば、その理由がわかってくる。持統天皇は『日本書紀』によってアマテラスに重ねられた。そしてアマテラスは、天皇家の祖をひとりで生み落とした。ここでスサノヲは排除され、同時に天武天皇も、お払い箱になったのだ。

この藤原不比等の描いた図式は、露骨な「蘇我はずし」でもある。スサノヲの謎を解くために、なぜ藤原不比等まで時代を下らせているかと言えば、蘇我氏とスサノヲが強く結ばれているからで、藤原不比等はその関係を含めて、歴史を改竄してしまっている。

天武天皇は蘇我氏の強力なバックアップを受けていた（拙著『古代史の正体』新潮新書）。筆者が天武と持統の関係、伊勢神宮の創祀を調べているのは、アマテラスとスサノヲの関係が、七世紀の政局と強くつながっていたからなのである。

持統天皇の伊勢行幸に反対した三輪氏

持統六年（六九二）二月十一日、持統天皇は諸官に詔し、三月三日に伊勢に行幸すること、その準備をするようにと命じている。すると同月十九日、中納言の三輪朝臣《みわのあそみ》高市《たけち》麻呂《まろ》は、行幸は農事の妨げになると諫めた。また三月三日に、高市麻呂は衣冠を脱いで天皇にささげ、重ねて諫言したが、聞き入れられなかった。三月六日、天皇は諫言を無視し、行幸を強行してしまった。三輪氏は、大物主神の末裔で、祟る大物主神を大神神社で祀ってきた家系である。なぜ、職を賭して持統天皇を押し止めようとしたのだろうか。

『日本書紀』に従えば、伊勢神宮の整備は第十一代垂仁天皇の時代にまでさかのぼる。しかし古い時代の伊勢神宮の痕跡は、今のところ確かめられていない。つまり、持統天皇が伊勢神宮を整えようとして、三輪朝臣高市麻呂が反発した可能性が出てくる。大物主神の末裔の三輪氏が抵抗したところが重要だと思う。伊勢神宮に祀られているのは、本当に女神・アマテラスなのだろうか。その正体は、大物主神なのではあるまいか。

崇神天皇はほぼ同時に、大物主神の祟りとアマテラスの神威に脅えた。大物主神は日本海の神で、崇神は吉備系の王なのだから（母と祖母が物部）、崇神が大物主神の恨みを恐れた理由はわかる。しかし、アマテラスが天皇家の祖神なら、なぜ王自身が「ともに暮らせないほど恐ろしい」と感じたのだろう。

伊勢外宮で語られ三輪にもたらされた「伊勢と三輪は一体分身」の伝承を組み合わせれば、ヤマト政権が恐れた神は『日本書紀』の言うアマテラスではなく、日本海（『日本書紀』神話の出雲）の大物主神だったのではないかと思えてくる。そして、ヤマト政権が祀っていた大物主神は、七世紀に持統天皇によって伊勢に遷し祀られたのではなかったか。だからこそ、大物主神の末裔の三輪朝臣高市麻呂は、必死に抵抗したのだろう。

さらに付け足すなら、疫病をもたらし祟る恐ろしい日本海の大物主神は、スサノヲと同一ではあるまいか。属性がそっくりなのだ。

崇神天皇の時代、大物主神は人口が半減するほどの病を振り撒いたという。かたやスサノヲは、日本を代表する疫神として、後の時代に至っても頼りにされたのだ。疫病を振り撒く恐ろしい神だから、疫病を鎮めることもできる。大物主神は、「モノ（鬼）の主の神」であり、スサノヲも神の中の神で、鬼のレッテルを貼られている。

伊勢で語られるスサノヲの伝説

持統天皇が伊勢神宮を整備したあと明治天皇が参拝するまで、歴代天皇はどなたも伊勢神宮を参拝されていない。

伊勢の町では今でも、正月の門飾りに「蘇民将来子孫家門（蘇民符）」を掲げ、一年間かけ続ける。『備後国風土記』逸文に登場した「蘇民将来説話（スサノヲが恐ろしい疫神だった物語）」が、伊勢でも語られていたのだ。これは、はたして偶然なのだろうか。伊勢の神は、実は祟る恐ろしい疫神・スサノヲではなかったか。

第十代崇神天皇が「宮中で共に暮らすことはできない」と追いだした神は、伊勢に向かったが、この神こそ、三輪（纏向でもある）の大物主神であり、スサノヲではなかったか。そして、恐ろしい祟り神だったからこそ、歴代天皇は、伊勢を避けたのだろう。

ただの祟る神ではない。天智系の王家が藤原氏のそそのかしに乗り、正体を抹殺した上で伊勢に封印してしまった祖神である。天皇家自身にとっても神に対しやましい気持が残っていたのだろう。

ただ、皇太子時代の桓武《かんむ》天皇（山部親王《やまべしんのう》）は、体調不良を案じ、伊勢神宮に詣でている。なぜ、健康問題と伊勢神宮がつながったのだろう。

桓武天皇は順調に皇位継承候補になったわけではない。本当の皇太子を死に追いやって、権利を獲得している。

父・光仁《こうにん》天皇の正妃は井上内親王《いかみないしんのう》で、二人の間の子が他戸親王《おさべしんのう》だった。光仁は天智系で、天武系の称徳《しょうとく》天皇の崩御を受けて、即位した。この時、皇位をめぐって天武系と天智系はもめたが、天武系の井上内親王を皇后に、その子の他戸親王を皇太子に立てることで、親天武派を説得し丸く収めたのだろう。ところが、井上内親王が光仁天皇を呪詛したという理由で、母子は幽閉されてしまったのだ。これを受けて、山部親王が皇太子に立てられた。しばらくして、母子は幽閉先で同じ日に同じ場所で亡くなってしまった。

密殺されたのだろう。邪魔者は皇族でもワナにはめて抹殺するのが、藤原政権の手口である（ワナと言うよりもでっちあげだが）。

いわゆる「御霊信仰（祟り封じ）」は、井上内親王と他戸親王の事件がきっかけだったと考えられている。山部親王は他戸親王が死ななければ皇太子になれなかったのだから、やましい気持があったのだろう。井上内親王と他戸親王の祟りが体調不良の原因と信じ、あわてて、伊勢の神にすがったわけである。

問題は、なぜ祟り封じのために伊勢の神を選んだのかだ。山部親王は自らの行動によって、「伊勢の神は病をもたらす恐ろしい祟り神」であることを証明してしまったわけである。

本来なら、天皇家の守神にもなったであろう「伊勢の神」を、恐ろしい存在にしてしまったのは、持統天皇と藤原不比等だと思う。祟り神でも、祀りあげれば、恵みをもたらす神に代わるはずだからだ。しかしそれを怠り、伊勢に放逐したわけだ。それはどうしてなのか。

答えは簡単なことだ。スサノヲは天皇家にとって大切な神だったが、もうひとつ「蘇我系の神」の側面があった。乙巳《いっし》の変（六四五）で蘇我入鹿を滅ぼし、藤原氏は改革者・蘇我氏の手柄を横取りし、スサノヲに蓑笠を着せて「悪神」に仕立て上げてしまった。そこで藤原不比等はスサノヲをアマテラスにすり替え、その上で伊勢に封印してしまったのだろう。

「スガ」から「ソガ」への音韻変化

ここで、スサノヲと蘇我氏の関係を確認しておきたい。

スサノヲは天上界を追放されて出雲に降り立ち、八岐大蛇退治をしたあと、奇稲田姫と須賀（島根県雲南市大東町須賀）に宮を建てた。「清清《すがすが》しい」から須賀宮だという。ここで生まれた子が清之湯山主三名狭漏彦八嶋篠《すがのゆやまぬしみなさるひこやしましの》（『日本書紀』神代上第八段一書第二）で、須我神社の奥宮には、磐座が鎮座し、スサノヲと奇稲田姫、清之湯山主三名狭漏彦八嶋篠それぞれの巨岩が祀られる。スサノヲの子は「スガ」の地名をそのまま名にしている。

ところが、但馬国一の宮の粟鹿《あわが》神社（兵庫県朝来市山東町粟鹿）の古文書『粟鹿大明神元記』に、スサノヲの子が載り、名は「蘇我能由夜麻奴斯禰那佐牟留比古夜斯麻斯《そがのゆやまぬしみなさむるひこやしまし》奴《ぬ》」と、須我神社で祀られる「清《すが》」が「蘇我」になっている。これは、きわめて意図的な「改変」であり、『日本書紀』によって消し去られた歴史を、地方の神社（しかもタニハの古社）が、強い意志をもって記録として残そうと目論んだのではなかろうか。

もうひとつ無視できないのは出雲大社で、本殿真裏にスサノヲを祀る素鵞社《そがのやしろ》が存在する。「素鵞」は本来なら須賀宮の「スガ」と読むべきところ、「そがのやしろ」と読む。いたる場面で、スガはソガに音韻変化しているのである。

近鉄大阪線に「真《ま》菅《すが》駅」（奈良県橿原市）があり、駅の近くにある宗我坐宗我都比古《そがにますそがつひこ》神社が鎮座する。これは蘇我系の神社だ。「マスガ」の「蘇我氏の神社」である。ここでも、「スガ」は「ソガ」になっている。蘇我氏の拠点のひとつが「明日香」だが、これは接頭語の「ア」＋「スガ」とする説がある（門脇禎二『飛鳥』ＮＨＫブックス）。

やはり蘇我氏の「ソガ」とスサノヲの「スガ」は、つながってくる。

「蘇我」は「蘇賀」「宗我」「宗賀」とも表記し、後者の二つは、「スガ」とも読める。スサノヲの宮・須賀で産まれた子・清之湯山主三名狭漏彦八嶋篠の末裔が、蘇我氏なのだろう。

もしかりに泉谷康夫が唱えるように、スサノヲが古くは王家の祖と信じられていたのなら、そして、スサノヲの子の清之湯山主三名狭漏彦八嶋篠が蘇我氏の祖であるならば、藤原不比等はこの事実をあらゆる手段を駆使してでも、抹殺したかっただろう。そして実際に、神話の中に、蘇我氏の祖の活躍を封印してしまい、蘇我氏とスサノヲの系譜のつながりを切り離した上で、蘇我氏同様、スサノヲを鬼に貶めたのだろう。

スサノヲと蘇我氏の共通点

スサノヲと蘇我氏の共通点は、いくつもある。

天上界でスサノヲが暴れたことは、すでに触れたが、スサノヲの悪行のほとんどは

「天津罪」に含まれる。「国津罪」とともに中臣氏の大祓詞に登場し、律令に記されている。

天津罪は、共同体の秩序を乱す罪のことで、国津罪は個人的な犯罪を指している。天津罪のほとんどが農作業に対する妨害行為で、この枠組みから言えば、スサノヲは反体制派だった。律令制度は原則として多くの民に農耕を強要し、そこからあがってくる税が国家財政の基盤となっていくが、スサノヲはこれを妨害したとみなされている。この「秩序を乱す反体制派」として扱われているのは、蘇我氏と同じだ。

乙巳の変（六四五）で蘇我入鹿が暗殺され、大化改新（六四六）によって律令制度は整ったと『日本書紀』は言う。しかし、大宝律令（七〇一）の完成まで、実際には半世紀の時間を要している。それにもかかわらず『日本書紀』が大化改新の成果を強調したのは、「蘇我氏が律令整備の最大の障害になっていたから」と言いたいがためであり、巧妙な印象操作だった（拙著『蘇我氏の正体』新潮文庫）。

スサノヲも蘇我入鹿も、農業を基盤とする律令整備の邪魔になったと言っているわけだ。しかし現実は逆で、スサノヲは当時の日本列島の勢力バランスを壊してヤマト建国に貢献し、かたや藤原氏によって反体制勢力のレッテルを貼られてしまった蘇我氏は、実は律令整備を推進していたことが今は再評価されている。彼らの手柄は横取りされたのだ。

スサノヲは簑笠を着て嫌われたと『日本書紀』は言う。簑や笠を着て姿を消す者は鬼である。『日本書紀』斉明元年（六五五）夏五月一日条に、空中に竜に乗った者が現れたと記されている。青い油笠を着て、葛城山から生駒山に飛び、さらに住吉から西に向かって飛んでいったとある。その正体は明かされていないが、『扶桑略記』は「あれは蘇我入鹿（あるいは蝦夷）」と記録した。スサノヲと蘇我入鹿はどちらも、簑や笠を着せられ鬼あつかいされていたことがわかる。

このように、スサノヲと蘇我氏がつながってきた意味は大きい。『日本書紀』編纂の目的は、これまで信じられてきた「天皇家礼讃」ではなく、「藤原氏の正義」を証明することだった。そのために隠さなければならなかったのは、蘇我氏の正体であり、その祖スサノヲの活躍である。

新羅王子のアメノヒボコ

スサノヲの正体を考える上で、蘇我氏は非常に大きな存在だが、他にも無視することができない何人かの人物や神について、付け加えておきたい。

まず、第二章でも登場したアメノヒボコについてだ。

アメノヒボコは新羅王子で、第十一代垂仁天皇の時代に第十代崇神天皇を慕って来日した。あるいは、ひとりの乙女を追って日本にやってきたとも伝わり、但馬（兵庫県北部）に拠点を構えたという。

この前提部分だけで、無視してはいけない点がいくつもある。まず、崇神天皇が実在の初代王だったことで、アメノヒボコが歴史時代の人物だということである。そして、『古事記』は、アメノヒボコをめぐる記事を、応神天皇の場面に載せている。この点から考えると、アメノヒボコの時代背景はヤマト建国前後だったことになる。

また、アメノヒボコが拠点を構えた但馬が「タニハ」の西のハズレの海の民の要衝だったことも重要だ。

アメノヒボコ（天日槍・天之日矛）の名も意味深長だ。どちらも太陽神を意味しているからだ。『日本書紀』は親百済派の歴史書で、新羅を敵視していたにもかかわらず、憎い新羅の王子をなぜ神格化したのか、その真意がつかめない。しかも日本的な太陽神なのだ。

それだけではない。第二章で述べたとおり、アメノヒボコは播磨で出雲神と戦っている。明石海峡争奪戦を展開していたと考えられるのだ。つまり、アメノヒボコの行動は、タニハのヤマト建国の設計図に沿っていて、これまで知られてこなかったこの人物の重要性に気づかされるのである。

さらに、『古事記』によると、アメノヒボコの末裔には神功皇后がいて、ここに「裏ヤマト建国史」との接点を見る思いがする。

これまでアメノヒボコと神功皇后の系譜的結び付きを史学界はほとんど注目してこな

かったが、三品彰英は、アメノヒボコの活躍した場所を結ぶと、そっくりそのまま神功皇后の行動に重なることに、強い関心を示している。「驚くべきほど一致している」というのだ。また「この遍歴・遠征の伝説を文化史的に見るならば、大陸系文化の伝播ないしはそれを荷担した人たちの移動と解することもできよう」と言う（『増補　日鮮神話伝説の研究』平凡社）。なるほど、その通りかもしれない。

タニハの戦術そのもの

しかし、アメノヒボコと神功皇后の歩んだ道のりの裏に、もっと大きな歴史的な意味が隠されていると思う。

ひとつ気になるのは、『古事記』の掲げるアメノヒボコの末裔の系譜の中に、「スガ」の名を冠する者が複数登場していることだ。それが「酢鹿之諸男《すがのもろお》」やその妹の「菅竈由《すがかまゆ》良度美《らどみ》」なのだが、さらにふたりの父親の名が「清日子」で、これが引っかかる。

「きよひこ」と読まれるのが慣例だが、スサノヲが出雲に宮を建てた時、そこが「清清しかった」といい、「清」は「スガ」で、「スガ（清）」が宮の名になっている。酢鹿之諸男と菅竈由良度美「二人のスガ」の父親の「清日子」は、「すがひこ」ではなかったか。スサノヲの子に清之湯山主三名狭漏彦八嶋篠がいて、「スガ」は「ソガ」に音韻変化していくことは、すでに触れてある。しかも『古事記』はアメノヒボコの末裔が神功皇后だと言っている。「スガ」と神功皇后の祖がアメノヒボコであり、ここにアメノヒボコと蘇我氏、スサノヲとの間に、目に見えぬ絆が隠されているように思えてくるのである。

もうひとつ無視できないのは『播磨国風土記』の伝承だ。アメノヒボコが播磨（兵庫県）の海岸地帯（瀬戸内海）で、出雲神と争っていたことは、第二章で触れた。

播磨は出雲とタニハどちらにとっても生命線で、ヤマト建国の直前、明石海峡争奪戦が起きていたことがわかる。

アメノヒボコの一連の行動は、まさにタニハの戦略そのもので、スサノヲの思惑と重なっていたと思わざるをえない。そして、『日本書紀』神話の一書が証言するように、スサノヲは新羅に舞い下りたあと山陰地方にやってきたのだから、アメノヒボコとスサノヲは、重なって見えてくるのだ。

ただそうなると、スサノヲは渡来系なのかという疑念が湧き起こってくる。そこで、「多婆那国《たばなこく》（タニハ？）から新羅に渡って王になった脱解王《だっかいおう》」の話をしておかなければならない。

『三国史記』に登場する脱解王

『新羅本紀』（『三国史記』）に、新羅第四代の王・昔《セキ》脱解（脱解王）の話が載る。

倭国の東北千里の多婆那国（不明）の王に子供ができた。しかし大きな卵で、不吉と思い、箱に入れて海に流した。箱は朝鮮半島の金官国（伽耶）にたどり着いたが、人びとは怪しみ、拾わず、箱は辰韓（のちの新羅）にたどり着いた。紀元前一九年のことだ。老婆が見つけて養うと脱解は立派に育ち、評判は南解王《なんかいおう》の耳に届き、娘を脱解に嫁がせ、役人に取り立てた。南解王の子の儒理王《じゅりおう》は、賢者を王に立てようと考え、脱解に禅譲した。脱解王は倭人の瓠公《ここう》を重用し、西暦五九年に倭国と友好関係を構築し、使者の交換を行っていた……。

この説話、どう考えれば良いのだろう。戦前、日韓同祖論が盛んになり、その根拠のひとつに脱解王が掲げられたため、戦後ほとんど無視されてきた。しかも、騎馬民族日本征服説が一世を風靡したように、古代の日本列島は、圧倒的な文化と武力の差によって朝鮮半島から蹂躙されたと考えられるようになった。そのため、脱解王説話は軽視されてしまったのだ。

しかし、説話にある「倭国の東北千里の多婆那国」という設定を、無視することはできない。『旧唐書』倭国日本伝が言うように、弥生時代の倭国は、奴国を中心とする北部九州周辺と考えられ、そこから東北に千里（約四百キロ強？）とすれば、「タバナはタンバ（丹波）」だった可能性も出てくる。しかも弥生時代の朝鮮半島にしっかりとした国がまとまっていたわけではなく、「新羅」など、影も形もなかったのだから、脱解王の話は成り上がりの村長さんぐらいの話と思えばいい。

事実、弥生時代後期の朝鮮半島南部に、四方から人びとが集まっていて、その中に倭人が含まれていたことは、中国の歴史書（『三国志』魏書東夷伝、『後漢書』東夷伝）にも記録されている。鉄を求めてやってきたのだ。『三国史記』には、脱解王は「鍛冶」だったと記録されていて、鉄を求めてやってきたうちのひとりだろう。朝鮮半島東南部は、方々から逃げてきた人びとの寄せ集めだったから、血統が重視されるわけでもなく、脱解王はわれわれが想像する「新羅の王」とはほど遠い存在の、鉄を求めて群がった人たちのうちの一人であろう。

脱解王に注目したのは、スサノヲも鉄と関わりが深かったからだ。スサノヲが出雲に建てた最初の宮は「スガ」で、ここで生まれた子も「スガ（清之湯山主三名狭漏彦八嶋篠）」だったが、「スガ」は低湿地を指している。たとえば「菅生《すがお》」は、スガの生い茂る土地を意味していて、水辺に自生するカヤツリグサ科スゲ属の多年草に「スガ（スゲ）」がある。そして「スガ」は褐鉄鉱《かってっこう》が取れる土地でもあった。湿地帯にはえる水草（葦や薦、茅など）の根っ子に、水酸化鉄が固まって張り付く。これを古くは「スズ」と呼び、たたら製鉄に用いた。「スガのスサノヲ」は鉄と強く結ばれていたことがわかる。

脱解王は鉄を求めてタバナ＝タニハから渡海し、成功し、集落の長となり名を馳せたのだろう。スサノヲも新羅に降り立ち日本にもどってきたが、褐鉄鉱の取れるスガに宮を建て、ヤマト建国の基礎がためをしたのだろう。

それだけではない。説話の中で、脱解王もスサノオも捨てられ、放逐されて、異界に飛び込み、成功するという物語の共通性がある。これは、偶然ではないだろう。

スサノヲは「海峡を自在に往還したタニハ（多婆那）の王」を神格化した姿なのではないかと思えてくる。そう考えると、アメノヒボコもスサノヲによく似ていることがわかる。アメノヒボコは朝鮮半島から「親の国に帰る」と言う童女を追って来日したが、この説話はアメノヒボコの祖国が日本だったことを暗示している。

さらに、「魏志倭人伝」には、対馬の人びとが日常的に日本列島と朝鮮半島を往復していたとある。朝鮮半島南部と日本人の遺伝子は似ていて、弥生時代の北部九州と朝鮮半島南部は同一文化圏に属していたと考えられている。

そうであるならば、アメノヒボコは脱解王のように日本から朝鮮半島に渡り一旗揚げ、「鉄の王（村長さん）」となって日本に戻ってきたか、同一文化圏の中を往き来していた英雄とみなすことが可能となる。

大物主神とサルタヒコ

もうひとつ触れておきたいのは、伊勢と関わりの深いサルタヒコのことだ。

実在の初代王と目される第十代崇神天皇は、日本海の祟る神・大物主神を必死に祀った。また、この時崇神天皇の宮で祀られていた天照大神を放逐したと、『日本書紀』は記録している。

さらに、「伊勢と三輪は一体分身」という伊勢外宮の「証言」から、大物主神は男性の太陽神で、三輪から伊勢に移し祀られたこと、それはヤマト黎明期の話ではなく、七世紀後半の持統天皇による仕業だったということはすでに説明した。

問題は、もうひとり、王家の成り立ちに深くかかわり、しかも男性の太陽神で、伊勢で祀られていた謎の神が存在することなのだ。それが、サルタヒコであり、この神も大物主神に似ている。

ニニギが天上界から地上界に降りる時、天八達之衢《あめのやちまた》で衢神《ちまたのかみ》と出会う。鼻が長く、背が高く、口とお尻が光っていた。目は八咫鏡《やたのかがみ》のようで、照り輝いていたという。

使いを出して名を問いたださせても、眼力で圧倒され、もどってきてしまう。そこで選ばれたのが、天鈿女命（アメノウズメ）だった。アメノウズメは衢神の前で、服をはだけ、胸乳を露わにし、裳の紐を臍の下に垂らして（ヌード状態）、大笑いした。不思議に思った衢神が、その理由を尋ねると、アメノウズメはひるむことなく、逆に名を問いただした。すると衢神は、サルタヒコと名乗り、天照大神の御子を迎えに来たという。

こうしてサルタヒコは、ニニギを導き、筑紫の日向の高千穂峰に送り、そして自らは伊勢の狭長田《さなだ》の五十鈴川の川上に行った（『日本書紀』神代下第九段一書第一）。

服属して伊勢に舞い降りた？

無視できないのはサルタヒコに太陽神の要素が詰まっていることで、鼻が長いのは陽根であり、光り、照り輝いていたといい、さらに、アメノウズメはサルタヒコの前で天上界で起きた天の岩戸神話を再現している。天の岩戸でアメノウズメは太陽神をおびき出すために裸体を晒している。サルタヒコはどこからどうみても、男性の太陽神だ。

各地の祭りでサルタヒコは、「矛」を持って神輿を先導するが、矛も「男根」の象徴で、「陽根」は、太陽のシンボルだ。サルタヒコは太陽神だから天八達之衢で照り輝いていたのである。

そして問題は、ニニギを導いたあと、サルタヒコが伊勢の五十鈴川の川上に舞い下りていたことだ。ここはまさに、伊勢神宮が創建された場所ではないか。

もうひとつ指摘しておきたいのは、『古事記』の記事で、サルタヒコが阿耶訶《あざか》（三重県松阪市）にいた時、漁をしていたら、ひらぶ貝（不明。大型の二枚貝か）に手をはさまれ、海に落ちて溺れたという。底に沈んでいた時の名は底度久御魂《そこどくみたま》、海水が泡だった時の名は都夫多都御魂《つぶたつみたま》、泡がはじけた時の名は阿和佐久御魂《あわさくみたま》という、とある。

不思議な記事だが、要はサルタヒコが服属儀礼をしている様子を描いていると、一般には考えられている。『伊勢国風土記』逸文には、同じように伊勢土着の神・伊勢津彦《いせつひこ》が敗れて去る話がある。天神から国土の譲渡を強要され、「今夜、強風を起こして荒れた海の中、東に向かって去って行く」と約束している。その通りになったのだが、その時、夜なのに太陽が照るように輝いていたとある。

まるで、出雲の国譲りのような事件が伊勢で展開されていたと伝えているが、服属して消えて行った伊勢津彦が太陽のように輝いていた事実は、見逃せない。伊勢津彦もサルタヒコも、零落した太陽神だった。大物主神も同じ宿命を帯びていたわけで、これらの人物像は重なって見えるのだ。

またサルタヒコは、皇祖神を導く神でもあり、その属性は住吉大神や武内宿禰とも通じている。そして、王家を導く者がみな敗れ、零落し、蔑まれるという共通点をもっていた事実を見逃してはなるまい。ヤマト建国前後の主導権争いと七世紀の蘇我氏の敗北、八世紀の藤原氏の台頭によって、ヤマト建国の歴史は抹殺され、今ようやく、そのバラバラにされてしまったパズルが、ひとつの大きな絵画になって目の前に現れようとしているのである。

第四章　なぜスサノヲは「抹殺」されたか

スサノヲはタニハからやってきた

いよいよスサノヲの正体について核心に迫っていくが、まず、スサノヲと出雲の話をしておこう。

スサノヲのモデルとなった人物は出雲の外からやってきたと思う。しかも、出身地はタニハ（但馬、丹波、丹後、若狭）であろう……。そう考える理由は、いくつかある。

たとえば神話の中のスサノヲは最初、須賀宮（島根県雲南市）を建て、時代が下り、そこが須我神社になったが、出雲には複数の須我神社が鎮座し、すべて出雲の中心勢力を包囲するような高台に存在する。この配置は偶然ではあるまい。じつに戦略的で、スサノヲが外からやってきたことを暗示している。

考古学の物証も、無視できない。弥生時代後期の出雲は、東側のタニハから圧迫を受けていたことがわかってきた。スサノヲの行動と考古学の証言を組み合わせると、これまで絵空事と思われてきた神話が、歴史として再現できると思う。

そこで、ヤマト建国直前の出雲とタニハの関係を、もう一度整理しておこう。

弥生時代後期の出雲は、北部九州と手をつなぎ、大量の鉄器を手に入れ、東を圧倒していた。強い王（首長）が登場し、四隅突出型墳丘墓が生まれた。この埋葬文化を東に広め、越（北陸地方）にも影響を与えたが、タニハはこれを拒んだ。

タニハは挟み撃ちにされた形だが、反撃に転じた。近畿地方や近江、東海地方と手を組み、出雲に圧力をかけている。四隅突出型墳丘墓の文化圏に組みこまれていた因幡（鳥取県東部）に集団移住を果たした。纏向が出現した三世紀前半には、タニハから西側の伯耆（鳥取県中西部）まで、人々が押し寄せている。

同じ頃、吉備（岡山県と広島県東部）にも変化があった。出雲と吉備は一時期手を結んでいた。二世紀末には出雲と因幡で吉備系の土器が出現し、出雲の王墓・西谷三号墳には吉備の特殊器台と特殊壺型土器が供献された。しかし吉備は、三世紀に入り、河内や奈良盆地に進出し、ヤマト建国に一肌脱いでいる。

出雲の築き上げた吉備や越との同盟関係は、短期間で破綻していたのだ。『古事記』

は出雲と越の仲違いを語っている。大国主神と越の沼河比売《ぬなかわひめ》は結ばれたが、正妻の嫉妬が原因で別れてしまったという一幕がそれだ。

タニハと新羅

なぜ、出雲は各方面との同盟関係を維持することができなかったのだろう。タニハと新羅の関係が大きな意味を持っていたと思う。

スサノヲは天上界から出雲に舞い下りたと神話は言うが、『日本書紀』神話の「一書《あるふみ》」には、スサノヲはまず新羅に降り立って、のちに出雲にやってきたとある。この一節からスサノヲを新羅系（この時代、まだ新羅という国はなかった。要は朝鮮半島南東部）とみなす説もあるが、そうではなく、スサノヲは日本海を股にかけた壮大な計画を練り上げていったのではないか。スサノヲは朝鮮半島南東部に、鉄を求めて押しかけていたのだろう。

また、タニハと新羅にとって、北部九州から朝鮮半島南部に続く海路の確保は共通の宿願だった。当時の新羅は陸路も航路もふさがれ、中国に通交する手段を持たず、困窮していて、日本列島の中に応援してくれる勢力を探ったのだろう。そこでタニハは、利害が一致する新羅と手を組んだ可能性が高い。つまり、日本列島と朝鮮半島全体のパワーバランスに変化が起きた。その結果、オセロゲームの白黒が入れ替わるように、越と吉備はタニハに靡き、出雲も折れたのだろう。

「出雲の国譲り」タケミカヅチは尾張系？

これまでみたように、スサノヲは蘇我氏の祖で、なおかつ出雲の神ではなくタニハ系で、新羅と手を組み出雲の外からやってきた……。これらが筆者が考えるスサノヲの属性だが、さらにその正体を明確にするためには、出雲の国譲り神話を深掘りしておく必要がある。スサノヲではなく、出雲に国譲りを強要した神々の素姓とその末裔を洗い出しておきたいのだ。出雲の国譲りは、旧出雲国だけの話ではなく、日本海勢力の没落であり、神話の中に、ヤマト建国時の主導権争いの真相が隠されているからだ。

そして鍵を握っていたのは、東海の雄族・尾張氏である。出雲いじめで活躍していたのに正体を抹殺されてしまったのが、尾張氏の祖神だった。そして、尾張氏の祖は出雲国造となって、出雲の熊野大社でスサノヲを祀っていたようなのだ。また、紀国の熊野本宮を祀っていたのも、尾張氏だった可能性が高い。これまでほとんど注目されてこなかった尾張氏が、スサノヲの秘密を握っていたのだ。

そこでまず、出雲いじめが神代だけではなく、歴史時代に至っても続けられていたこと、物部氏と尾張氏が手を組んで出雲を追い詰めていたという話をしておこう。

旧石見国の物部神社（島根県大田市）には、無視できない伝承が残されている。ヤマト建国の後、ニギハヤヒ（物部氏の祖）の子・宇摩志麻治命《うましまじのみこと》と尾張氏の祖の天香具《あめのかぐ》（語）山命《やまのみこと》は越の国に赴き、開拓し、天香具山命はその地にとどまった。これが弥彦神社（新潟県西蒲原郡弥彦村）で、宇摩志麻治命は播磨と丹波をへて、石見《いわみ》国（島根県西部）にやってきて一帯を平定した。現在の物部神社の背後の八百山《やおやま》が天香具山に似ているから、ここに宮を置いた。物部神社は出雲大社を監視しているとも伝えられ、いまだに、ふたつの神社は仲が悪いという。

この物部神社の伝承は、出雲の国譲りが史実だったことを暗示している。国譲りを成功させたのは経津主神《ふつぬしのかみ》と武甕槌神《たけみかずちのかみ》だが、経津主神は物部系で、このあと述べるように、武甕槌神は尾張系だったからだ。つまり、瀬戸内海勢力と東海勢力が手を組み、日本海＋近江勢力を裏切り、日本海を東西から封じこめ、監視したのだろう。丹後半島の付け根の宮津市には籠神社《このじんじゃ》が祀られ、尾張系の海部氏《あまべ》が神職を務めてきた。弥彦神社、籠神社、物部神社は、日本海の海の道の急所を押さえている。

そこで、武甕槌神が尾張氏の神だったと思う根拠を示しておく。

『古事記』はタケミカズチと関わりの深い剣の名を「天之尾羽張《あまのおわばり》」「伊都之尾羽張《いつのおわばり》」と呼び、伊都之尾羽張の子がタケミカズチだったとする。ここでタケミカズチと「尾張」のかすかな接点を見いだすことができる。また、出雲征討に参画したタケミカズチは、「迦具土神《かぐつちのかみ》」の末裔と言っている。「かぐつち」で連想されるのは、ヤマトを代表する霊山・天香具山で、尾張氏の祖の名も、天香具（語）山命であった。

「天香具山のカグツチ（迦具土）」は、のちに詳述するように、ヤマト建国説話の中で決定的な役割を果たしていく。「カグツチは王位継承権を左右するほどの霊的な力をもつ」と信じられていて、「カグツチ」の争奪戦が起きていたほどなのだ。タケミカズチと尾張氏が「カグヤマ」や「カグツチ」などの「カグ（カゴ）」とかかわる意味は、けっして小さくないし、「カグツチの末裔がタケミカズチ」であり、「カグヤマ（カゴヤマ）の末裔が尾張氏」だった事実は、無視できない。

問題は、『日本書紀』の態度だ。ヤマト黎明期の纏向に東海系の土器が大量に流れこんでいたことが考古学的に明らかになってみると、『日本書紀』が東海勢力の活躍を無視してしまった可能性が高くなってきたのだ。『日本書紀』は尾張氏の正体を隠滅するために、「出雲征服の英雄神＝タケミカズチ」と尾張氏の縁を切り離してしまったのではなかったか。逆に『古事記』は、タケミカズチと「天之尾羽張」を関連づけることで、タケミカズチと尾張氏の接点を示したに違いない。

伊勢と熊野は何が違うか

尾張氏と出雲をつなぐもうひとつの糸は、出雲国造家の祖神・天穂日命《あめのほひのみこと》である。

国譲りの尖兵として出雲に送り込まれた天穂日命は、出雲の神々に同化してしまって役に立たなかったと『日本書紀』は言うが、なぜ政権（天神の天上界）を裏切った天穂日命の末裔が出雲の国造に任命されたのだろう。出雲国造が都に赴いて奏上する『出雲国造神賀詞《かむよごと》』には、天穂日命が出雲を成敗し支配したとあり、こちらの話の方が整合性があり、信憑性が高い。

問題はここからだ。古墳時代、各地の「前方後方墳」が廃れていく中、出雲国造家だけは頑なに前方後方墳を造り続けていく。なぜ前方後円墳ではなく前方後方墳なのか。前方後方墳は近江や東海地方で誕生した埋葬文化なのである。出雲の国譲りは日本海＋近江勢力を瀬戸内海＋東海勢力が裏切った事件なのだから、出雲国造家は瀬戸内海か東海の出身であろう。しかも前方後方墳を選んだのであれば、東海系と思われる。

出雲で四隅突出型墳丘墓が盛行していた時代、西日本の瀬戸内海を中心に前方後円墳が伝わり、東日本には前方後方墳が広まっていた。前方後方墳は、明らかに「東の文化」であり、出雲国造家が前方後方墳にこだわり続けたのは、東からやってきたからと思いいたる。東海勢力は吉備（瀬戸内海）と手を組み日本海潰しを行い、それが出雲の国譲り神話になったのだろう。そして、東海勢力が出雲の監視役として、出雲に常駐し、国造になったに違いない。

この仮説を裏付けるのは、「出雲と紀伊半島のふたつの熊野系神社」である。

神武天皇が日向からヤマトに向かった時、ヤマトからはね返され、やむなく迂回し、紀伊半島に向かった。ここで神武は神の毒気に当たり、身動きが取れなくなるが、武甕槌神が高倉下《たかくらじ》なる人物に剣を授け、それが神武の元に届けられ、救われている。武甕槌神はすでに触れたように尾張系の神だが、高倉下も尾張系の人物だったと『先代旧事本紀』は言い、高倉下は熊野の人だったと『古事記』は言う。

地政学的な観点から言っても、東海地方（伊勢湾地域）と紀伊半島がつながっていて、尾張系の高倉下が古代の熊野で活躍していたという話に矛盾はない。そして、出雲と紀国に「熊野系神社」が鎮座する謎も、尾張氏というキーワードを当てはめると、氷解する。

出雲国造家は平安時代に杵築大社《きづきのおおやしろ》（出雲大社）の祭祀を朝廷から命じられたが、それ以前は熊野大社（島根県松江市）を祀っていた。祭神は熊野大神櫛御気野命《くまののおおかみくしみけぬのみこと》で、「熊野にいらっしゃる霊妙な御食《みけ》つ神」のことだ。古くはこちらが出雲国一宮だった。

問題は熊野大社の主祭神の正体だ。『令義解』（九世紀に編まれた律令の解説書）には、天神と地祇（国神）の色分けがなされていて、天神は「伊勢、山城鴨、住吉、出雲国造が斎く神ら」で、地祇は、「大神《おおみわ》・大倭《おおやまと》・葛城鴨・出雲大汝《おおなむじ》神ら（出雲大社の大己貴神）」だとある。つまり、出雲国造家は熊野大社で天神を祀り、のちに出雲大社の国神を祀るようになったわけだ。ならば、熊野大社で祀られる天神は誰だろう。大神櫛御気野命の名は『日本書紀』に登場しない。一方、出雲に天上界から舞い下りて、祀られた神（天神）といえば、スサノヲをおいて他にはいない。

そこで問題となってくるのは、紀国の熊野本宮と出雲の関係である。こちらの祭神は家都美御子大神《けつみみこのおおかみ》で、出雲の熊野大社と同じ食べ物の神だ。尾張系の出雲国造家が祀る出雲の熊野大社の祭神の正体がスサノヲなのだが、尾張の影響が強い紀国の熊野本宮の祭神の正体もスサノヲだろう。時代が下って、どちらも主祭神をスサノヲとみなしたことも、この考えが単純な附会ではなかったことを示している。祟りをもたらす恐ろしい鬼で神の中の神だったスサノヲを、出雲国造家や尾張氏が出雲と紀国の熊野神社で丁重に祀ったから、人びとに幸をもたらす穏やかな神に化けたわけである。尾張系の人びとはスサノヲのモデルとなった人物（神）を「ケツ（食べ物）の神」と崇めたのだろう。

そして、ヤマト建国前後の主導権争いの中で、日本海（タニハ＋出雲）＋近江＋北部九州勢力を、瀬戸内海（吉備・物部）＋東海（尾張）が裏切ったために、日本海勢力の主（王）だったスサノヲ（大物主神）は政敵を恨み、祟って出ると信じられたのだろう。

伊勢は恐ろしい大物主神（スサノヲ）を祀る場で、かたや熊野は、幸をもたらす和魂としてのスサノヲを祀っていたことになる。

ただし、尾張氏とスサノヲの謎は、これで解けたわけではない。尾張氏は歴史の勝者にはなれなかったからだ。そこで話は、『日本書紀』の記録した神武東征に進む。

ヤマト建国後、発展しなかった尾張

神武天皇がヤマト入りした時、すでにナガスネビコ（長髄彦）が棲みついていた。また、物部氏の祖のニギハヤヒは天磐船に乗ってヤマトに降りて来て、先住のナガスネビコの妹を娶って、ヤマトに君臨していたという（『日本書紀』）。この説話から、ヤマト（纏向）に一番早くから住んでいたのがナガスネビコだとわかる。考古学的には、三世紀初頭に纏向が誕生した時、周辺（オオヤマト）にまず東海勢力がやってきていた可能性が高まっていて、さらに纏向に流入した土器の数は東海勢力が約半数に上ったのだから、だれよりも早くヤマトに住んでいたナガスネビコは東海からやってきた尾張系であろう。

ちなみに、ナガスネビコをヤマト土着勢力の長とみなすこともできるが、ヤマト建国直前のヤマトは（極端な）鉄の過疎地帯で、土着の長者が政治力を発揮できたとは思え

ない。ヤマト建国の主導権争いは、日本海、瀬戸内海、東海の三つ巴であり、その点、瀬戸内海＝ニギハヤヒのヤマト入りの時点ですでにヤマトに君臨していたナガスネビコは、東海の尾張系とみなさざるを得ないのである。

土器の流れから当時の人の動きを分析すると、ヤマトに人びとが集まってきた後、日本海＋近江勢力は北部九州に押し寄せ、瀬戸内海勢力（吉備）は河内にパワーを集中し、最後に瀬戸内海勢力と東海勢力が北部九州に力を注ぎ、日本海＋近江勢力を裏切り、主導権を握った可能性が高くなる。ニギハヤヒ＋ナガスネビコのコンビの動きが、瀬戸内海＋東海勢力の図式にぴったりと重なるのは偶然ではない。

ところがここで、新たな謎が生まれる。日本海勢力が没落した後、東海地方はヤマト建国の貢献度に見合った発展がなかった。四世紀には関東にも巨大前方後円墳が次々と造営されていくが、濃尾平野の前方後円墳は少なく小振りで、大型の前方後円墳が出現するのは六世紀のこととなる（名古屋市の墳丘長百五十一メートルの断夫山古墳）。東海地方はヤマト建国にもっとも貢献したのに、その後停滞したのだ。

また、前方後方墳は近江で誕生し、直後に東海に伝わり、三世紀に一気に東国に広まった。この時期の東海勢力は東国に大きな影響力を及ぼしていたが、その後前方後方墳は廃れて、ヤマトの前方後円墳に取って代わられている。『日本書紀』の中で、神武のヤマト入りを拒んだナガスネビコはニギハヤヒに殺されてしまうのだが、こうした考古学の指摘も、ナガスネビコの蹉跌と符合する。ヤマト建国後、尾張氏に代表される東海系の豪族は、中央で活躍していない。ナガスネビコの死は、東海地方の敗北を象徴的に表している。

『日本書紀』と『先代旧事本紀』

もうひとつ、ナガスネビコと尾張氏をつなぐのは、平安初期に成立したと言われ、物部氏に関する記述が多い『先代旧事本紀』の掲げた系譜だ。

物部氏の祖のニギハヤヒ（天照国照彦天火明櫛玉饒速日尊）のまたの名は天火明《あめのほのあかりの》命《みこと》で『日本書紀』に登場する尾張氏の祖の名（火明命《ほのあかりのみこと》）とそっくりだ。またニギハヤヤヒは、ナガスネビコの妹の御炊屋姫《みかしきやひめ》を娶り、宇摩志麻治命が生まれたとあり、これが物部氏に続いていく。さらに、ニギハヤヒは別の女性を娶り、子をなしている。これが天香語（具）山命で、尾張氏の祖だという。つまり、物部氏と尾張氏の祖はニギハヤヒで、両者は同族だったことになる（腹違いの兄弟）。

ところが、これより前に書かれた『日本書紀』神代下第九段本文は、「尾張氏は天皇家と同族」といっている。天孫降臨をはたしたニニギが三人の子を生み、その中に火明命（天火明命）がいて、尾張連らの祖だという。また同段一書第六には、ニニギの兄弟のひとりに天火明命がいて、その子・天香山が尾張連らの遠祖とある。

なぜ、『日本書紀』の掲げた系譜に『先代旧事本紀』は異を唱え、「尾張は王家ではなく物部と同族」と主張したのだろう。『日本書紀』が最初に嘘をつき、その嘘を告発するために、平安時代に物部系の『先代旧事本紀』が嘘をついたと考えるとわかりやすい。『日本書紀』は「尾張氏の祖の火明命は天皇家と同族」というが、尾張氏のカバネ（姓）は「連《むらじ》」で、本来ならば王家とは縁が薄いはずなのだ。その一方で、『先代旧事本紀』

『先代旧事本紀』

天道日女命 ＝ 天照国照彦天火明櫛玉饒速日尊（またの名は天火明命）＝ 御炊屋姫

長髄彦 ― 御炊屋姫

天道日女命・天照国照彦天火明櫛玉饒速日尊（子）：天香語山命（高倉下・尾治［張］氏の祖）

天照国照彦天火明櫛玉饒速日尊・御炊屋姫（子）：宇摩志麻治命（物部氏の祖）

『日本書紀』神代下第九段本文

大山祇神 ― 鹿葦津姫（木花之開耶姫）

天津彦彦火瓊瓊杵尊 ＝ 鹿葦津姫（木花之開耶姫）

（子）：

- 火闌降命（海幸彦）
- 彦火火出見尊（山幸彦・天皇家の祖）
- 火明命（尾張連らの祖）

『日本書紀』神代下第九段一書第六

天忍穂根尊（正勝吾勝勝速日天忍骨尊・正勝吾勝勝速日天忍穂耳命）＝ 栲幡千千姫万幡姫命

（子）：

- 天火明命 ― 天香山（尾張連らの遠祖）
- 天津彦根火瓊瓊杵根尊（天皇家の祖）

は物部氏と尾張氏はヤマト建国時に腹違いの兄弟だったと言いだして、同書の中で七世紀に至る尾張氏の系譜を掲げる。両者のカバネは同じ「連」だから、『日本書紀』よりも信憑性が高いが、物部氏は吉備出身で、尾張氏は東海の雄族であるから、両者は同族ではない。だが、ヤマトに乗り込んだ二つの雄族が婚姻関係を結んだと考えれば、多くの謎が解ける。つまり、ヤマトに一番乗りしていたナガスネビコこそ尾張氏の祖で、ニギハヤヒとナガスネビコの妹の間に生まれた宇摩志麻治命が物部氏の祖と考えれば、本来の系譜が再現できるはずだ。

物部氏と尾張氏の祖（ニギハヤヒとナガスネビコ）は、姻戚関係を結ぶことで、黎明期のヤマトの王家を形成していたのだろう。ニギハヤヒの末裔の物部氏は、母系の祖が尾張氏だったわけだ。

これは、考古学的にみても、矛盾はない。尾張氏のカバネが「連」だった謎も解ける。第八代孝元天皇以前に天皇家から分かれた氏族のカバネは「臣《おみ》」なのに、なぜ尾張氏は「連」なのか、疑問視されてきた。

また、尾張氏は物部氏とともに日本海勢力を裏切り、日本海を監視するために、出雲に拠点を構えたに違いない。ただし、日本海の祟る神の猛威（疫病）に辟易した物部氏は、日向から日本海の祟る鬼を鎮めることのできる御子＝神武を呼び寄せ、ナガスネビコはこれに反対したわけだ。

そして、『日本書紀』はこの本来の系譜と歴史を知っていたが、あえて尾張氏を王家の系譜に組みこんでしまい、ヤマト建国の歴史を改竄したのである。

天香具山にはナガスネビコが祀られている？

ここで、今度は尾張と神武天皇の不思議な関係について語っておきたい。

ヤマト入りの時神武天皇は、ヤマトに陣取る敵にはとても勝てないと踏んでいた。ところが天香具山の埴土を採ってきて土器を造り神を祀れば、敵を破ることができると神託を得て、その通りやってみた。

このとき神武天皇は敵を欺くため、使者にみすぼらしい格好をさせて天香具山に遣わした。簑を着せて老人に見せかけたのだ。それを見て敵兵たちは大笑いし、「なんと醜いやつらなのだ」と言ったとある（『日本書紀』）。「簑」は「神武天皇たちがスサノヲと同じ鬼」であることを暗示するための小道具だ。

そして無視できないのは、神武天皇が天香具山の祭祀を執り行ったことなのだ。天香具山の埴土を奪った者がヤマトの王に立つという「掟」があったのか、神武天皇だけではなく、後の時代の政争でも天香具山の土の奪いあいに発展している。

天香具山は畝傍山、耳成山とともに「大和三山」を構成する山の一つで、三つの山の山頂を結ぶと、きれいな二等辺三角形になる。その大和三山が形成する三角形の垂心は、日本初の都城・新益京《あらましのみやこ》の中心の大極殿に位置する（大谷幸市『実在した幻の三角形』大和書房）。また、天香具山と耳成山を結んだラインの延長線上に若草伽藍（創建法隆寺）の塔が乗り、そこから六〇度のラインを南西に引くと、二上山の山頂に至る（大和岩雄『東アジアの古代文化31号』大和書房）。天香具山が重視され、われわれの知らぬところで、聖点を結ぶ図形が描かれていたことがわかる。

ならばなぜ、天香具山が重視されたのだろう。「天香具山」で思い出すのは、神話に登場し、物部系の伝承に度々登場する尾張氏の祖の「天香語（具）山命」である。神武天皇がヤマトの王に立つ時、ナガスネビコは殺されている。神武天皇に責任はないが、形の上で、神武天皇誕生のために犠牲になったのが「尾張のナガスネビコ」であり、神話に「天香具山命」の名で登場したのではなかったか。

こういうことだろう。日本海＋近江勢力は瀬戸内海と東海に裏切られ、日本海勢力の祟る神（大物主神やスサノヲ）は、物部氏や尾張氏らの手で丁重に祀られた。ところが、ヤマト政権は大物主神（スサノヲ）の祟り封じに失敗し（疫病の大流行）、やむなく南部九州から鬼退治の童子（神武天皇）をヤマトに招き寄せたのだ。その一方で、神武天皇は、結果として裏切ることになった東海（尾張氏）を天香具山で祀りあげたのだろう。こうして、神武天皇の即位は認められ、王家の存続が約束されたにちがいない。

ヤマトの王家は、こうして大物主神（スサノヲ）と尾張系のナガスネビコの祟りを鎮める役目を負わされたのである。

持統天皇の万葉歌の真意

天香具山の話は、まだ続く。スサノヲの秘密と関わりがあるからだ。

スサノヲと深いつながりがある大阪の住吉大社は、かつては天香具山の土を使って行っていた祭祀を、そのまま畝傍山に移して行なっている。毎年、住吉大社から畝傍山麓の畝火山口神社（橿原市）に使者が遣わされ、畝傍山の「埴土」をもらい受けている。

天平三年（七三一）の奥書のある『住吉大社神代記』によれば、その昔、住吉大神が神功皇后に詔して、「皇統の危機に際し、天香具山の土を用いて私を祀れ」と命じたのだという。神武の故事にちなんで住吉大社が神事を継承したのだ。

なぜ住吉大社は「埴土の神事」にこだわり、それでいて天香具山ではなく、畝傍山に場所を移したのだろう。

簡単なことだ。藤原氏が台頭して、太政官と神祇官の統治システムの中枢を、藤原氏が牛耳ってしまった。その時、ヤマト政権の神祇祭祀のひとつの柱である天香具山を奪い去ったのだ。タケミカズチが尾張系の神だったのに藤原氏に奪われてしまったのもこの時だろう。だから、住吉大社は畝傍山に場所を移し、神武天皇の故事にならった神事を細々と行なってきたのである。

住吉大社が天香具山祭祀に固執したのはなぜだろう。

持統天皇の次の万葉歌に、天香具山と天の羽衣の秘密が隠されている（巻一―二八）。

春過ぎて夏来《きた》るらし白栲《しろたへ》の衣乾《ころもほ》したり天《あま》の香具山《かぐやま》

春が過ぎ、夏が来るらしい。白い衣（白栲）が天香具山に干してあるよ……。名歌とされている。しかし、ヤマトでもっとも神聖な山に、洗濯物が干してあるはずがない。この歌は不自然だ。

歴史作家・梅澤恵美子は、これが「羽衣伝承」を暗示していると喝破した（『竹取物語と中将姫伝説』三一書房）。

『丹後国風土記』逸文に次の説話が載る。天真名井《あめのまない》で八人の天女が沐浴していたが、老翁が羽衣を奪ってしまった。天女のひとりは天に戻ることができなくなり、老翁の元でしばらく暮らし、家を豊かにした。慢心した老翁は天女を追い払ってしまった……。

この悲劇的な天女こそ、伊勢外宮で祀られる豊受大神《とようけのおおかみ》で、彼女はタニハ（但馬、丹波、丹後、若狭）（日本海）から伊勢に連れて来られた。さらにそっくりな天の羽衣伝承が近江にも伝わっていて、羽衣伝承は日本海＋近江勢力の「トヨの女神（豊受大神）」と強く結ばれていたことがわかる。

七世紀の蘇我政権の貴種たちも、なぜか「トヨ（豊）」と縁が深い。推古天皇は「豊浦宮《とゆらのみや》」に住み、名は「豊御食炊屋姫《とよみけかしきやひめ》」だ。聖徳太子は「豊聡耳《とよとみみ》皇子」で蘇我入鹿（蝦夷）も「豊浦大臣《とゆらのおおおみ》」と呼ばれていた。蘇我氏の祖は武内宿禰で神功皇后に仕えたが、神功皇后の宮は「穴門《あなと》豊浦宮」で、彼女は「トヨの女神」と接点を持っていた。筆者が応神天皇と同一と推理する神武天皇の祖母が「豊玉姫」だったことも軽視できない。神武も住吉大神も武内宿禰も応神天皇もトヨの人脈に囲まれていて、これを七世紀に復活させたのが、蘇我氏であろう。

ここで確認しておきたいのは、以下のことだ。伊勢外宮の祭神で羽衣伝承の主役でもあった豊受大神（トヨの女神）は、仲哀天皇が亡くなられた晩に橿日宮で住吉大神（蘇我氏の祖の武内宿禰）と結ばれた神功皇后の姿に重なり、彼女は一方で卑弥呼殺しの女王・トヨなのであって、ここに、スサノヲや住吉大神をめぐる人脈が、見事につながってくることに気づかされる。それは「できすぎた構図」でもあり、筆者の仮説を証明している。トヨ（台与。神功皇后）を国母《こくも》とするヤマトの王家（神武天皇の末裔である）が、こうして姿を現したのである。

つまり、持統天皇は件の歌の中で、クーデターの決意を表明していたのだ。蘇我系日本海政権の象徴であるトヨの女神の白栲＝羽衣が天香具山に干してあり、その衣を奪えば、政権を転覆することができると言うのだ。また、その現場がなぜ天香具山なのかと言えば、神武天皇からはじまる「日本海勢力の王」が代々天香具山で「東海勢力のナガスネビコ」を祀ってきたこと、それが、政権を維持するために必要だったからである。

その「祀る権利」を持統天皇と藤原不比等は奪った。そこで住吉大社は畝傍山に場所を移し、祭祀を継承したのだ。ちなみに先述の畝傍山麓の畝火山口神社の神職は、武内宿禰の末裔が務めている。

住吉大社の執念

「蘇我系トヨの政権」は、持統天皇の出現によって衰退し、また、藤原不比等は『日本書紀』を編纂し蘇我氏を悪役に仕立てることに成功した。その過程で、ヤマト建国前後の歴史は闇に葬られてしまった。

その上で、藤原不比等はヤマト政権の本当の太陽神だった三輪の大物主神（スサノヲやサルタヒコでもある）を伊勢に追いやり、さらに、「伊勢の神は女神天照大神（持統天皇）」と、説話の上ですり替えてしまったのだろう。しかし、王家は伊勢の神の正体を知っていたし、藤原氏の論理で邪魔者扱いしてしまったから、「御先祖様に申し訳が立たない」上に、「怒っていらっしゃる」と、伊勢には出向かなかったのだろう。

『日本書紀』は、歴史改竄のカラクリを用意し、ヤマト建国の歴史を四つに分解してしまった。それが「神話」と「神武東征」と「第十代崇神天皇」と「第十五代応神天皇（神功皇后）」で、歴史の真相を解明できないように仕組んだのである。その過程で、ヤマト建国の最大の功労者であるスサノヲのモデルとなった人物も、大物主神や住吉大神（塩土老翁）や武内宿禰など、数々の神や人物に分け、どれが実物なのかわからないようにしてしまった。

逆に住吉大社は知恵を絞り、『住吉大社神代記』を記し、「住吉大神と神功皇后は夫婦の秘め事をした」と、スキャンダルを自ら告白し、その上で、仲哀天皇を無視し、住吉大神と神功皇后を並べて祀った。さらに、神武（応神）東征の故事にならって、尾張（ナガスネビコ）の恨みを鎮めるための天香具山祭祀を今日に至るまで継承したのだろう。

ちなみに、武内宿禰の末裔のカバネは「臣」で、これは古い王家から派生した氏族にあたえられるものだ。蘇我氏はもちろん「臣」で、天皇家の末裔のはずなのだが、『日本書紀』は武内宿禰と蘇我氏の系譜を断ち切ってしまった。

七世紀の蘇我氏は王家を蔑ろにし、専横をくり広げたと『日本書紀』は記録したから、「蘇我臣」のカバネは、蘇我氏が力ずくで勝ち取ったという漠然とした共通認識があった。蘇我氏と天皇家の関係はほとんど取り沙汰されなかったのだ。しかしこれは、『日本書紀』の印象操作にだまされていたのだと思う。尾張連は天皇家の末裔だと『日本書紀』は記録したのに、与えられたカバネは「連」だったように、カバネの下賜は、その時々の権力者の意向が反映され、流動的だと考えたのではあるまいか。しかし、蘇我氏のカバネが「臣」だった事実を、もっと真剣に受けとめるべきだと思う。『日本書紀』は蘇我氏が王家の末裔だったことを抹殺しようと目論んだのだろう。しかし、ようやく真実は明らかになりつつある。武内宿禰（住吉大神・塩土老翁）と神功皇后の子の応神（神武）がヤマトの王に立ったと考えれば、多くの謎が氷解する。

こうして、住吉大社の執念が、蘇我氏や神武天皇、武内宿禰、スサノヲらの正体を明らかにする道筋をつけたのである。

ヤマトの真の太陽神

スサノヲは弥生時代後期にタニハ（但馬、丹波、丹後、若狭）に生まれ、近江や東海に文物を流し発展を促し、彼らをヤマト盆地に集結させることによって、新たな時代を切り開こうとしたのだろう。そして、北部九州から朝鮮半島をつなぐ航路を獲得するために、出雲に圧力をかけ、出雲と吉備をヤマト政権に引きずり込み、念願の北部九州進出を果たした。しかし、トヨ（神功皇后）が卑弥呼の宗女として日本海＋近江勢力を中心にした「北部九州の邪馬台国」の女王に立ったことによって、歯車が狂っていったのだ。吉備と東海（物部と尾張）は、日本海勢力を追い落としてしまった。ここに、日本海勢力は恨みを抱き、吉備と東海は、これを祀ったが、恐ろしい祟りがヤマトを襲った（疫病の蔓延）。そこで、南部九州に逼塞していた鬼の末裔をヤマトに招き寄せたが、ここでも悲劇が起きた。東海のナガスネビコが抵抗し、殺され、今度は「恨む東海」を、天皇も一緒に祀ることになったわけだ。

物部と尾張は王家（日本海勢力＝スサノヲの末裔）を恐れ、祀り、王家は尾張を恐れ、祀るという二重構造が出現したのである。

時代が下り、ヤマト建国の歴史とスサノヲの正体は抹殺されてしまったが、住吉大社や出雲国造家に隠された秘密の中に、スサノヲの謎を解くヒントは、隠されていたのである。

スサノヲは王家の祖であり、ヤマトの太陽神であった。そして、この神の正体を抹殺することこそ、『日本書紀』の大きなテーマのひとつだったのである。

スサノヲという扇の要が理解できたことで、多くの古代史の謎は、芋づる式に解けていくはずだ。

終章　蘇る縄文の魂とスサノヲ

縄文の神

スサノヲは、縄文的な神だ。

その荒ぶる燃え上がるような魂は、火焔型土器を彷彿している。母を思い出しては泣き止まず、大音声を響かせて天上界に昇った。暴れ回って神々や人びとに災いをもたらすその姿は、大自然そのものだ。嵐のように暴れ、雷神のように恐ろしい。縄文人が恐れ、崇め、祈ったのは「理不尽で容赦ないスサノヲのような神」である。

『日本書紀』編者も、スサノヲが日本人の原始の信仰を継承していたことを知っていたのだろう。中臣（藤原）鎌足や藤原不比等ら、百済系の渡来人（拙著『古代史の正体』新潮新書）の大陸的な人びとから見れば、スサノヲは疫病を振り撒く恐怖の悪神と思ったに違いない。しかも政敵の祖神だったから、見下し、「邪《あ》しき鬼」と蔑んだ。

たしかにスサノヲは荒々しい縄文の神だ。しかしけっして野蛮ではない。むしろ、知的でさえある。たとえばスサノヲは、「森」を重視した。

『日本書紀』神代上第八段一書第五に、スサノヲが最初新羅に舞い下りた話が出てくる。ただ「ここには住みたくない」といい放ち、日本にやってくる。そして、次の説話が続く。

「韓郷《からくに》の島には金属の宝がある。わが子の治める国に浮宝《うくたから》（船や建築に用いる木材）がなければ、それは良くないことだ」

こう言って、体毛を抜いて散らかすと、スギ、ヒノキ、マキ（柀）、クスノキになったので、それらの用途を定められた。

「スギとクスノキは船に、ヒノキは宮殿の材木に、柀は現世の墓の棺にすればよい。そして、食料となる多くの木の実の種は、十分播け」

このようにおっしゃり、五十猛神《いたけるのかみ》ら三柱の子らは、木の種をまかれた。そこで、三柱の神を紀伊国に渡らせ、スサノヲは熊成峰《くまなりのみね》に住み、さらに根国に入って行かれた……。

ここにある熊成峰は紀国の熊野だろう（異説もあるが、ここでは深入りしない）。

さらに、同段一書第四には、スサノヲの子・五十猛神にまつわる別伝が載る。

五十猛神は多くの樹木の種を携えて舞い下り、韓地《からくに》に植えず、故国（日本列島）に持ち帰り、筑紫（九州）から種を播き、大八洲国（日本各地）を青山に変えようとなされた。そのため五十猛神を有功《いさおし》の神と称賛するのである。紀伊国に坐す神が、これだ……。

一連の説話は、スサノヲの縄文的な思想を今に伝えている。

朝鮮半島や中国では、早くから冶金が盛んに行われていた。そのために、大量の燃料を必要とし、森林は荒れ果てていた。だからこそ、日本の強みは「広大な森林と湿潤な気候」と、気づいていたのかもしれない。

いや、そうではなく、スサノヲは、文明に疑いを抱いていたのではなかったか。文明の暴走によって森が失われていく恐怖を、スサノヲは知ってしまったのではあるまいか。

文明的価値体系への疑問

日本の歴史は、文明と反文明のせめぎ合いの連続だった。「行ったり来たり（進んだり戻ったり）」をくり返したのだ。文明を受け入れつつも、揺り戻しを起こし、停滞し、復古するのだ。たとえば、弥生時代がそうだ。

弥生時代は渡来人が稲作をあっという間に広めたというイメージで語られてきたが、実際には、染みるように東に伝播していったことがわかっている。

それだけではない。「日本列島全体を見渡した時、弥生時代はなかったのではないか」と考えられるようになってきた。縄文的な文化と風習が、いつまでも残ったのだ。

厳密に「弥生文化」を定義すると、それは朝鮮半島南部と北部九州にのみ存在したという。その他の日本列島に徐々に稲作は伝わったとしても、各地に縄文的な文化が残っていたことがわかってきたのだ。これを考古学者は「縄文系弥生文化」と呼んでいる。

現代人には信じがたいことだが、当時の日本列島人は、稲作や文明を拒んでいたようなのだ（松木武彦『美の考古学』新潮選書）。

ヤマト建国も、「反文明運動」だった可能性が、考古学者から指摘されるようにもなってきた。新たな潮流と言っていい。

富も権力も持たない人びとがヤマトに集まり、広大な地域を結びつける政権を生んでしまったようなのだ。そんな歴史が、世界にあっただろうか。

たとえば設楽博己は、北部九州では弥生中期中葉以降、それぞれの地域の首長が権威を高めていったが、近畿地方は強い首長の登場を抑え込んでいた地域で、平等なネットワークを重視する社会を守っていたという。すなわち、縄文時代から継承された互恵的な社会の関係を維持し続けていたと指摘したのだ（『縄文社会と弥生社会』敬文舎）。

ヤマト建国の中心勢力となった銅鐸文化圏の人びとは、強い王の出現を拒んでいた。ひとりの強い首長（王）が威信財を独占することを防ぐため、持ち運びできない一メートルを越える巨大な銅鐸を造ってしまった。銅鐸は集落の人びと全員の「お宝」となったのだ。

寺前直人の指摘も無視できない。縄文時代後期以降、文化は東から西に移動し、弥生時代に至っても、縄文時代の東日本で発達した祖霊祭祀と儀礼が各地で継承され、外来の青銅器武器を非実用化し、銅鈴（銅鐸）に縄文的な文様を施し、既存の価値体系に押し込むことに成功したことを指摘した。しかも、近畿地方南部を中心とする列島中央部の人びとは、大陸や半島からもたらされた「魅力的な文明的価値体系に抗することに成功した」というのである（『文明に抗した弥生の人びと』吉川弘文館）。ヤマト建国は、彼ら文明的価値体系に疑念を抱いた人びとによって成し遂げられたわけだ。

なぜ、こんなに不思議な王国が出現したのだろう。縄文的な発想を捨てなかった主導者・スサノヲの存在も、そのひとつの要因であろう。

農業と文明と戦争

日本文化の基層に縄文の技術や思想が根強く残っていることが、次第にわかってきた。日本人は稲作民族という単純なくくりはできなくなったし、縄文的な習俗は、現代人も継承している。

縄文人は、われわれが思い描くような敗者ではない。彼らの習俗や文化は、しぶとく日本人の三つ子の魂を形成していった。たとえば、日本の伝統的木造家屋は「縄文のすまいと変わらない趣」を残しているという指摘がある（上田篤＋縄文社会研究会『建築から見た日本』鹿島出版会）。萱葺き屋根も土間床も囲炉裏も、縄文時代から続いている。しかも、この住まいの様式に、古い信仰の痕跡が見られるという。日本人の基層は、一万年続いた縄文時代に育てられていったのだ。

縄文人はなかなか稲作を受け入れなかったし、弥生時代到来後も、東漸が遅々として進まなかった。これも、縄文人たちの「憂い」「暗い予感」があったからだと思えてならない。農業を選択すれば、文明と戦争を呼び込む。人類は破滅への道を突き進むという憂鬱である。一歩踏み出せば、後戻りできない恐怖でもある。

設楽博己は「いわゆる文明社会への大転換と、それによって現代に通じる諸矛盾を一手に引き受けるようになったのが、縄文時代と弥生時代の大きな差であろう」（前掲書）

と指摘している。そのとおりだと思う。

スサノヲの問いかけ

日本列島で独自の文化を築き上げていた縄文人たちは多神教的発想をよく守り、大自然には太刀打ちできないとかしこまった。

一神教の考えは正反対だ。一神教は唯一絶対の神が宇宙を創造し、神に似せて人を創ったと説く。だから、人は神になりかわって大自然を支配し、改造する権利を持つと考えた。人間の理性が、正義と考える。そして、この一神教的発想が、さらに恐ろしい文明を造り始める。

一神教は砂漠で生まれた。生命を排除する苛酷な砂漠で生きていた人たちは、豊穣の大地を追われた人たちでもある。だから、政敵や他民族を呪い、復讐の正当性を求めた。これが、一神教の原点だ。だから、『旧約聖書』の中で、神自身が復讐を誓っている。

ちなみに一神教は、多神教が発展して成立したと信じられてきた。だから、キリスト教徒たちは、野蛮な多神教徒たちをキリスト教の高みに引き上げる義務があると、真剣に考え、植民地支配を正当化してきたのだ。結果、世界の多くの人びとが、一神教を信じるようになった。先進国の中で多神教を守りつづけているのは、日本だけなのだ。

古代の列島人が、文明や進歩に懐疑的だったことを、考古学が明らかにしてしまったのだ。しかし、なぜ文明に逆らうことができたのだろう。なぜ文明を嫌ったのだろう。

「日本語脳」という仮説もある(角田忠信『日本語人の脳』言叢社)。幼少時から日本語を話していると、自然認知の枠組みが特殊な形になるという。たとえば、虫の声を聞く脳が他民族とは左右逆転してしまう。つまり、日本語が、精神構造と文化に、影響を及ぼすのだ。角田忠信は日本語脳の特徴を①情緒性②自然性③非論理性と指摘した。このような資質が、文明に違和感を覚える原因になってきたのではなかろうか。

われわれ日本人は、多神教的精神世界に生きてきたのだ。その点、現代日本人も、潜在的に文明や進歩に対し懐疑心を抱き続けていると思う。そしてこの発想こそ、スサノヲの問いかけに通じているのだ。

古代人のシンボル的存在

ヤマト建国にもっとも貢献していたのが、スサノヲのモデルとなった人物だった。しかし裏切られてしまったために、スサノヲは祟る恐ろしい神と信じられ、だからこそ、神の中の神と称えられたわけである。

また、スサノヲが称えられる理由は、もうひとつあったと思う。スサノヲは文明論を掲げていて、それが、縄文時代から継承されてきた列島人の三つ子の魂に寄り添うものだったから、スサノヲこそ、偉大な指導者とみなされていたのではないか。紆余曲折の上、ヒョウタンから駒のような形で完成した「ヤマトという連合体」だが、そのきっかけを作ったのがスサノヲであり、しかも、しっかりとした思想に裏付けられていたように思えてならない。それは、「文明に抗う発想」である。ヤマト建国は、世界史的にみても、奇跡的なできごとだった。「文明と富と権力に抗ったネットワーク」が、北部九州や出雲で成長した国々に立ち向かったのである。

その後の日本も、文明と距離を置くことに成功している。七世紀のヤマト政権は隋や唐で生まれた律令制度を導入したが、猿マネではなかった。強大な権力を握る中国の皇帝のための法制度を、日本風にアレンジしている。天皇は祭司王で、実権は合議制の太政官に預けた。

ヤマト政権は遣隋使や遣唐使を派遣し、最先端の文明をよく学び、多くの文物を持ち帰ったが、取捨選択をして、日本の文化と習俗に合うものだけを受け入れた。また、中国の冊封体制に組み込まれることを嫌っている。

日本列島人が文明を積極的に採り入れなかったのは、島国で、外敵の侵入を容易に防ぐことができたからでもある。

現代人はつい「人間は進歩することに意味があるのではないか」と、思いがちだ。しかし日本列島に暮らしてきたわれわれの御先祖様たちは、「無闇に文明と富を手に入れれば、人間は破滅する」ことを、「暗い予感」とともに知っていたのだろう。

そして、かたくなに自身の文化に固執した古代人のシンボル的存在がスサノヲであり、列島人に慕われ、語り継がれ、だからこそ『日本書紀』編者は神話に登場させざるを得なかったのだろう。

おわりに

孤独なスサノヲを、私は知っている。

ヤマト建国の立役者だったにもかかわらず裏切られ、「祟る者」と恐れられ、神話の中に封印された。そして、暴れ者で賤しい者と、レッテルと貼られてしまったのだ。弁明する機会を与えられず、誤解されたまま、疫神のイメージだけが独り歩きした。

なぜ今回、スサノヲを書きたかったのかといえば、今こそスサノヲが求められていると思ったからだ。ヤマトという古き良き時代の終焉とともに、権力欲にまみれた藤原氏の手でスサノヲは正体を抹殺されてしまった。邪神にすり替えられ、理解されないまま孤独を味わったスサノヲの姿は、今日の日本が置かれている状況と似ていると思ったのである。

十九世紀に、一神教的思想と西洋文明が日本に押し寄せ、近代化した日本は富国強兵政策を断行し、文明国の仲間入りを果たした。ただし、帝国主義の手口を模倣し、多神教徒の王だった天皇を一神教の神のような存在にすり替え、「未開の人びとを教化する正義」を掲げ、帝国主義の尖兵となったことで、取り返しのつかない失敗を経験した。西洋の真似はしてみたものの、一神教徒になりきれなかった。だから日本人は今、たしかな道しるべを失ってさまよっている。

現代日本人に問いただせば、多くは「信仰に無関心」と答えるだろう。だがわれわれの正体は、「自覚のない多神教徒」なのだ。だからほぼ一神教に染まった世界の人々の思想や動きと、うまく調和できないでいる。つまり「取り残された多神教徒」として日本人は孤立し、誰にも理解されず、日本人自身も、その理由がわからないでいるのである。

孤独なスサノヲと日本人。しかし、大自然を神と崇め、大自然の猛威に人間は無力だと感じる多神教的な「かしこまった信仰」は、どうしても守らなければならない。「神に似せて創られた人類が地球を改造し、支配できる」という一神教的発想に、染まってはならないと思うのである。

日本人は、多神教徒としての自覚と責任を感じる時代がやってきた。だからこそ、スサノヲの蘇りを願っているのである。

なお、今回の執筆にあたり、新潮新書編集部の安河内龍太氏、歴史作家の梅澤恵美子氏の御尽力を賜りました。改めてお礼申し上げます。

また、夢枕に立って小生を叱咤し励まして下さる元新潮社顧問の故松田宏氏に感謝の気持ちをお伝えしたい。

なお本書は新潮社の国際情報サイト「フォーサイト」連載に加筆、修正したものです。

合掌

参考文献

『古事記　祝詞』日本古典文学大系（岩波書店）
『日本書紀』日本古典文学大系（岩波書店）
『風土記』日本古典文学大系（岩波書店）
『萬葉集』日本古典文学大系（岩波書店）
『続日本紀』新日本古典文学大系（岩波書店）
『魏志倭人伝・後漢書倭伝・宋書倭国伝・隋書倭国伝』石原道博編訳（岩波書店）
『旧唐書倭国日本伝・宋史日本伝・元史日本伝』石原道博編訳（岩波書店）
『三国史記倭人伝』佐伯有清編訳（岩波書店）
『先代舊事本紀』大野七三（新人物往来社）
『日本の神々』谷川健一編（白水社）
『神道大系　神社編』（神道大系編纂会）
『古語拾遺』斎部広成撰西宮一民校注（岩波文庫）
『藤氏家伝　注釈と研究』沖森卓也　佐藤信　矢嶋泉（吉川弘文館）

『日本書紀　１　２　３』新編日本古典文学全集（小学館）
『古事記』　新編日本古典文学全集（小学館）
『武蔵の古社』菱沼勇（有峰書店）
『建築から見た日本』上田篤＋縄文社会研究会（鹿島出版会）
『縄文の思想』瀬川拓郎（講談社現代新書）
『熊野大社』篠原四郎（学生社）
『熊野詣』五来重（講談社学術文庫）
『本居宣長全集　第九巻』本居宣長（筑摩書店）
『日本の名著24　平田篤胤』（中央公論社）
『カール・フローレンツの日本研究』佐藤マサ子（春秋社）
『津田左右吉全集 別巻第1』津田左右吉（岩波書店）
『日本神話の研究』松本信広　東洋文庫（平凡社）
『日本の神話』肥後和男（河出書房）
『古事記の世界』西郷信綱（岩波新書）
『日本神話の基盤』三谷栄一（塙書房）
『神話論理Ⅱ　蜜から灰へ』クロード・レヴィ＝ストロース　早水洋太郎訳（みすず書房）

参考文献

『日本神話の思想　スサノヲ論』河合隼雄　湯浅泰雄　吉田敦彦（ミネルヴァ書房）
『世界神話学入門』後藤明（講談社現代新書）
『記紀神話と王権の祭り』水林彪（岩波書店）
『古事記スサノヲの研究』山田永（新典社）
『古事記注釈　第一巻』西郷信綱（ちくま学芸文庫）
『古事記注釈　第二巻』西郷信綱（ちくま学芸文庫）
『古事記成立考』大和岩雄（大和書房）
『古事記講義』三浦佑之（文藝春秋）
『かわらのロマン』森郁夫（毎日新聞社）
『神々の流竄』梅原猛（集英社文庫）
『縄文世界の一万年』泉拓良・西田泰民責任編集（集英社）
『東アジアの古代文化31号』（大和書房）
『日本の神々』松前健（中公新書）
『日本書紀研究　第一冊』三品彰英編（塙書房）
『記紀神話伝承の研究』泉谷康夫（吉川弘文館）
『伊勢神宮』千田稔（中公新書）

『伊勢神宮と出雲大社』新谷尚紀（講談社選書メチエ）
『日本の古代8　海人の伝統』大林太良編（中央公論社）
『伊勢神宮』矢野憲一（角川選書）
『巨大古墳の聖定』渋谷茂一（六興出版）
『飛鳥』門脇禎二（ＮＨＫブックス）
『増補　日鮮神話伝説の研究』三谷彰英（平凡社）
『縄文社会と弥生社会』設楽博己（敬文舎）
『文明に抗した弥生の人びと』寺前直人（吉川弘文館）
『桑原隲蔵全集　第1巻』桑原隲蔵（岩波書店）
『反近代の思想』現代思想大系　編集・解説　福田恆存（筑摩書房）
『美の考古学』松木武彦（新潮選書）
『竹取物語と中将姫伝説』梅澤恵美子（三一書房）
『実在した幻の三角形』大谷幸市（大和書房）
『日本語人の脳』角田忠信（言叢社）

関 裕二 1959年千葉県生まれ。
歴史作家、武蔵野学院大学日本総
合研究所スペシャルアカデミック
フェロー。仏教美術に魅了され、
独学で古代史を学ぶ。『蘇我氏の
正体』など著書多数。

Ⓢ新潮新書

1005

スサノヲの正体《しょうたい》

著者 関《せき》裕《ゆう》二《じ》

2023年7月20日 発行
2024年4月25日 4刷

発行者 佐藤隆信

発行所 株式会社 新潮社

〒162-8711 東京都新宿区矢来町71番地
編集部(03)3266-5430 読者係(03)3266-5111
https://www.shinchosha.co.jp

装幀 新潮社装幀室

図版製作 クラップス

印刷所 株式会社光邦

製本所 株式会社大進堂

ISBN978-4-10-611005-4 C0221

価格はカバーに表示してあります。

新潮新書

763
神武天皇vs.卑弥呼
ヤマト建国を推理する
関裕二

「神武天皇は実在していないでしょ？」。そこで立ち止まってしまっては、謎は永久に解けない。『日本書紀』と考古学の成果を照らし合わせて到達した、驚きの日本古代史！

902
古代史の正体
縄文から平安まで
関裕二

「神武と応神は同一人物」「聖徳太子は蘇我入鹿」など、考古学の知見を生かした透徹した目で古代史の真実に迫ってきた筆者のエッセンスを一冊に凝縮した、初めての古代通史。

986
ボブ・ディラン
北中正和

その音楽はなぜ多くの人に評価され、影響を与え、カヴァーされ続けるのか。ポピュラー音楽評論の第一人者が、ノーベル賞も受賞した「ロック界最重要アーティスト」の本質に迫る。

992
2035年の中国
習近平路線は生き残るか
宮本雄二

建国百年を迎える2049年の折り返し点とされる2035年に習近平は82歳。その時中国はどうなっているのか？ 習近平を最もよく知る元大使が、中国の今後の行方を冷徹に分析する。

1002
フィリピンパブ嬢の経済学
中島弘象

フィリピンパブ嬢と結婚した筆者の人生は、新たな局面に。初めての育児、言葉の壁、親族縁者の無心と綱渡りの家計……。異文化の中で奮闘する妻と、それを支える夫の運命は？